미디어 이론

대안문화총서 13

MEDIA THEORIES

진중권

미디어 이론

열린길

CONTENTS

들어가기 전에

미디어적 전회

서구의 철학은 역사적으로 몇 번의 '전회'를 거쳤다. 널리 알려진 것처럼 고대 그리스의 철학은 '존재론' 중심으로 전개됐다. 그 시대의 철학자들은 무엇보다도 먼저 만물의 '근원'arche이 무엇인지 물었다. 탈레스는 그것이 '물'이라 대답했고, 헤라클레이토스는 그것이 '불'이라 생각했으며, 엠페도클레스는 그것이 4원소물·불·공기·흙라고 주장했다. 유물론자인 데모크리투스는 세상의 모든 것이 원자의 배열에 불과하다고 주장했고, 관념론자인 플라톤은 세상의 모든 것은 천상의 이데아 세계에 있는 원형의 모방이라고 주장했다. 고대의 이 존재론 중심의 사유는 플라톤과 그의 제자인 아리스토텔레스를 거쳐 중세로까지 이어진다. '근원'을 '신'으로 바꾸어 놓았을 뿐, 중세의 신학도 근본적으로는 존재론의 성격을 띤다.

인식론적 전회

여기에 근본적인 변화가 생기는 것은 근대에 들어와서다. 17세기 이후 서구의 철학은 '인식론'을 중심으로 전개된다. 그것은 철학자들이 성급히 세계의 근원을 묻기 전에 먼저 정신의 본질부터 묻고 들어가려 했기 때문이다. 근대의 철학자들은 인간의 정신을 '세계를 비추는 거울'에 비유했다. 거울이 왜곡되어 있다면 당연히 거기에 비친 세계의 상도 왜곡되지 않을 수 없다. 그리하여 근대의 철학자들은 세계를 파악하려면 먼저 그것을 비추는 정신의 상태부터 점검해야 한다고 생각하게 된다. 바로 여기서 의식을 가지고 의식을 들여다보는 이른바 '반성철학'의 프레임이 성립한다. 근대 초기에 일어난 이 철학적 패러다임의 변화를 '인식론적 전회'epistemological turn라 부른다.

자기의 의식을 들여다보았을 때 합리주의자들은 그 안에서 이른바 '생득관념'을 발견한다. 이는 인간이 가지고 태어난다는 선천적 관념들을 말한다. 마치 공리에서 정리와 명제를 도출하는 것처럼, 합리주의자들은 이들 생득관념들로부터 '연역법'에 따라 지식을 도출하려 했다. 그렇게 얻은 명증한 지식으로는 수학이나 기하학에 못지않게 의심의 여지없이 확실한 지식의 체계를 구축할 수 있다고 믿었다. 반면, 이들과 달리 영국의 경험주의자들은 의식 속에서 아무 것도 발견하지 못했다. 인간의 의식은 태어날 때부터 백지상태tabula rasa라는 것이다. 그렇다면 지식이란 후천적인 것일 수밖에 없다. 그들에게 세계의 인식이란 곧 경험을 통해 밖에서 들어온 감각자료를 귀납법에 따라 처리하는 것을 의미했다.

어떤 의미에서 근대철학이야말로 최초의 매체철학인지도 모른다. 우리의 정신 혹은 의식을 세계인식의 '기관'으로, 즉 일종의 '매체'로 간주했기 때문이다. 매체비판이라는 측면은 특히 합리주의와 경험주의를 종합한 칸트의 비판철학 속에서 두드러지게 나타난다. 비판서의 제목《순수이성비판》, 1781이 말해주듯이, 칸트에게 철학의 가장 중요한 과제는 세계인식의 매체인 이성의 한계부터 점검하는 데에 있었다. 이 책에서 칸트는 이른바 '코페르니쿠스적 전회'를 통해 시간과 공간이 우리 의식의 형식이라고 주장한다. 눈에 보이는 세계가 실은 우리의 '의식'의 구성물에 불과하다는 것이다. 칸트의 전회는 결국 세계가 미디어로 구축된다는 것을 뜻한다. 실제로 칸트는 시간과 공간을 '미디어'라 불렀다.

언어학적 전회

20세기에 철학에서는 또 한 번의 전환이 일어난다. 전환의 계기가 된 것은 '인간의 의식이 언어로 구축된다.'는 새로운 인식이었다. 우리는 흔히 먼저 생각이 있고 언어는 그 다음에 온다고 착각하기 쉽다. 이때 우리가 잊고 있는 것은 '생각'의 미디어, 즉 언어다. 우리는 언어 없이 생각을 할 수가 없다. 즉 우리가 생각을 하기에 우리에게 언어가 있는 게 아니라, 우리에게 언어가 있기에 우리가 비로소 생각을 할 수 있다는 얘기다. 세계가 의식으로 구성된 것이라면, 세계를 알기 위해 먼저 의식부터 파악해야 할 것이다.

하지만 그 의식이 다시 언어로 구성된 것이라면, 세계를 알기 위해 알아야 할 것은 당연히 언어가 될 수밖에 없다. 20세기에 일어난 이 패러다임의 변화를 '언어학적 전회'linguistic turn라 부른다.

일찍이 철학자 비트겐슈타인은 "내 언어의 한계는 곧 내 세계의 한계를 의미한다."고 말했다. 세계에 대한 우리의 인식은 언어를 통해 미리 규정된다는 것이다. 하이데거 역시 비슷한 시기에 "언어는 존재의 집"이라고 말한 바 있다. 존재자들의 세계는 언어적으로 구축된다는 것이다. 발터 베냐민은 "인간은 언어를 통해서through가 아니라 언어 안에서in 자신의 본질을 신에게 보고한다."고 말한 바 있다. 인간의 고유한 본성은 언어 그 자체 속에서 찾아야 한다는 얘기다. 이들 철학자의 말대로 세계와 언어가 언어로 구축되는 것이라면, 세계와 인간에 대한 통찰은 오직 언어에 대한 성찰을 통해서만 얻어질 수 있을 것이다. 20세기에 들어와 언어는 이렇게 철학의 최종심급이 된다.

20세기 후반에 지성계를 휩쓸었던 기호학 운동 역시 넓은 의미에서 언어학적 전회의 결과로 볼 수 있다. 기호학의 기원이 된 것은 소쉬르의 일반언어학의 구상이었다. 기호학자들은 영화, 회화, 음악 등의 문화적 현상에서 언어적 구조를 발견해 내려 했다. 그들은 인간의 문화적 표현은 그 어느 것이든 자기 고유의 문법과 어휘를 가진 일종의 언어로 볼 수 있다고 믿었다. 인류학자 레비스트로스는 심지어 원시부족의 친족구조가 언어적으로 조직되어 있음을 보여주었다. 이는 물론 우리 자신의 사회도 우리도 모르게 언어적으로 구조화되어 있을 가능성을 시사한다. 기호학의 범위는 문화현상이나 사회구조로 국한되지 않는다. 라캉은 심지어 우리의 무의식까지 언어적으로 조직되어 있다고 본다.

미디어적 전회

17세기의 인식론적 전회, 20세기의 언어학적 전회에 이어, 21세기 철학에서는 또 한 번의 전회가 일어난다. 미디어의 발달로 인해 오늘날 우리의 세계체험은 대부분 미디어media로 매개된mediated 간접적mediate 경험으로 변했다. 오늘날 우리는 미디어를 통해 남이 본 것을 보고, 남이 들은 것을 듣고 있다. 내 눈으로 직접 보거나 내 귀로 직업 들은 것은 나의 세계체험 중의 극히 일부분이고, 그것도 지극히 사소한 일부분에 불과하다. 오늘날 세계는 '의식'에 주어지거나 '언어'로 구조화되기보다는 '미디어'로 제작된다. 이 악마적 상황의 시각적 상징이 바로 영화 <매트릭스>1999이리라. 만약에 세계가 미디어로 구축되는 것이라면, 세계를 인식하기 위해 먼저 미디어의 본성부터 이해해야 할 것이다.

이 전환을 '미디어적 전회'medial turn라 한다. 이를 또한 '도상적 전회iconic turn라 부르기도 하는데, 그것은 디지털 테크놀로지의 등장으로 커뮤니케이션의 주요한 수단이 문자에서 영상으로 바뀌었기 때문이다. 한편, 디지털 영상의 현란함에 가려 종종 간과되나 놓쳐서는 안 될 또 하나의 중요한 현상이 있다. 그것은 디지털 테크놀로지와 더불어 사라진 구술문화가 되살아나고 있다는 점이다. 이는 물론 전자매체가 시공으로 서로 격리된 이들 사이의 인격적 접촉을 허용하기에 가능한 일이다. 그런 의미에서 도상적 전회는 동시에 '구술적 전회'oral turn이기도 하다. 과거의 대중이 정보를 읽었다면, 이중의 전회를 거친 오늘날 대중은 정보를 보거나 듣는다.

'의식'과 '언어'에 이어 '매체'가 철학의 최종적 심급이 된 것은, 오늘날 우리가 세계를 체험하는 방식 자체가 미디어에 의해 크게 좌우되고 있기 때문이다. 급진적으로 표현하자면, 오늘날 우리는 미디어가 허용하는 한에서만 세계를 지각하고, 인식하고, 해석할 수 있다. 이는 미디어가 어느새 우리가 하게 될 세계체험의 가능성을 미리 규정하는 선험적 조건이 되었음을 뜻한다. 특정한 시기의 세계와 인간에 대한 관념은 알게 모르게 그 시기를 대표하는 저장·전달·가공 매체의 성격에 미리 규정되기 마련이다. 이를 '미디어 아프리오리'Medien-apriori라 부른다. 매체철학의 가장 큰 과제는 물론 세계와 인간과 사회의 형성을 미리 규정하는 이 미디어 선험성을 드러내는 데에 있다.

미디어의 정의

'미디어'medium이라는 말의 발명자는 아리스토텔레스로 알려져 있으나, 실은 그는 그 말을 사용한 적이 없다고 한다. 《영혼론》에서 그는 '그 자체로는 지각되지 않으나 지각을 가능하게 해주는 어떤 중간자'에 대해 언급하는데, 토마스 아퀴나스가 이 모호한 개념을 라틴어로 옮기는 과정에서 '미디어'라는 말을 임의로 만들어 집어넣었다는 것이다.[1)] 일상에서 '미디어'라는 말이 널리 사용되기 시작한 것도 비교적 최근의 일이다. 예를 들어 브록하우스 사전 1809년 판에는 아예 '미디어'라는 항목이 없다. 1856년 판은 그것을 어디에도 치우치지 않는 것, 즉 '중용'中庸으로 정의한다. 1911년 판에야 비로소 "뭔가 매개하는 것"이라는 규정이 등장하나, 이 역시 오늘날의 개념과는 거리가 있다.[2)]

'미디어'라는 말이 널리 사용되기 시작한 것은 맥루언의 저서 《미디어의 이해》1964 이후의 일이다. 20세기 말에 이르면 그 말의 사용은 폭발적으로 증가한다. 저마다 '미디어'를 다르게 이해하고, 다르게 규정하기 때문에 지금까지도 '미디어'의 합의된 정의는 존재하지 않는다. 흔히 '미디어'라고 하면 말·글, 목판·석판·활판 인쇄, 사진·영화·음반, 라디오·텔레비전, 컴퓨터·인터넷·SNS 등을 떠올린다. 하지만 '미디어'의 외연은 그보다 훨씬 넓다. 돌·흙·파피루스이니스, 무기·바퀴·전등맥루언, 마차·기차·비행기비릴리오, 축음기·영사기·타자기키틀러, 예술·신앙·사랑루만 학급·축구·대기실플루서, 선거·총파업·도로보드리야르 등, 학자들이 생각하는 미디어의 범위는 우리의 일상적 이해를 넘어선다.

그 많은 정의들을 외연의 넓이에 따라 크게 세 부류로 나눌 수 있을 것이다. 가장 넓은 정의는 그것을 '자연과 인간 사이의 매개체'로 규정하는 것이리라. 예를 들어 맥루언은 '미디어'를 인간이 자연과의 싸움에 사용하는 일체의 도구와 동일시한다. 두 번째 부류는 미디어를 '인간과 인간 사이의 매개체'로 규정한다. 이 경우 '미디어'라는 용어는 말이나 글처럼 인간들 사이의 소통에 사용되는 수단들을 가리키게 될 것이다. 마지막으로 가장 좁은 정의는 그것을 기술적 미디어로 규정한다. 가령 키틀러는 미디어를 '정보의 저장·전달·가공에 관계된 기술'로 정의한다. 이 경우 말이나 몸짓처럼 인간의 신체나 지각과 관련된 것은 미디어에서 제외될 것이다. 이 책에서는 이 '미디어'라는 말의 다양한 용례를 고루 허용할 것이다.

매체철학의 논점들

매체철학의 과제는 이 정의들로부터 자연스레 도출된다. 자연과 직접적으로 접촉하는 동물들과 달리, 인간은 도구를 통해 자연과 매개된 관계를 갖는다. 자신과 자연과 사이에 도구를 끼워 넣음으로써 인간은 한편으로는 자연을, 다른 한편으로는 자신을 변화시킨다. 그렇게 인간은 도구를 통해 자연을 변화시키면서 자신도 도구와 함께 공진화해 왔다. 다른 한편, 미디어는 또한 인간과 인간의 사이를 매개한다. 새로운 미디어가 등장하면, 그에 따라 인간과 인간이 관계를 맺는 방식도 변화하기 마련이다. 다시 말해 사회도 변하는 것이다. 가령 인터넷의 등장으로 인간들 사이의 사회적 접촉의 방식이 그 동안 어떻게 변했는지 생각해 보라. 여기서 매체철학의 세 가지 주제가 얻어진다.

- 미디어가 자연을 어떻게 변화시키는가?
- 미디어가 인간을 어떻게 변화시키는가?
- 미디어가 사회를 어떻게 변화시키는가?

매체철학은 '미디어 아프리오리'의 관점에서 기존의 '존재론'과 '인간학'과 '사회론'을 해체·재구성하려는 시도라 할 수 있다. 물론 '의식'이나 '언어'도 오랫동안 매체로 간주되어 왔으므로 어떤 의미에서 17세기 이후 철학은 모두 매체철학이었다고도 할 수 있다. 하지만 이렇게 낱말의 외연을 지나치게 확장한다면, '미디어적 전회'라는 말은 고유한 의미를 잃을 것이다. 이 책에서는 '미디어'의 외연을 인쇄술 이후에 등장한 기술적 매체로 한정하려 한다. 여기서 다루어야 할 '미디어적 전회'가 바로 그 매체들의 효과로 등장했기 때문이다. 이 경우 '미디어'란 주로 사진과 영화, TV와 라디오, 컴퓨터와 인터넷 등 흔히 '대중매체'라 불리는 것을 가리킬 것이다.

그동안 미디어에 대한 이론적 성찰은, 거칠게 요약하면, 크게 세 세대에 걸쳐 이루어졌다고 할 수 있다. 미디어 이론의 1세대는 주로 사진이나 영화와 같은 기계복제 매체를 중심으로 전개되었다. 브레히트, 베냐민, 발라스의 이론이 여기에 속한다. 미디어 이론의 제2세대는 라디오나 텔레비전과 같은 아날로그 전자매체에 관한 담론이었다. 이니스, 해블록, 맥루언, 옹과 같은 캐나다 학파의 학자들이 이 세대를 대표한다. 이들과는 완전히 다른 시각으로 텔레비전의 현상학을 전개한 안더스도 빼놓을 수 없다. 미디어 이론의 마지막 세대는 물론 컴퓨터와 인터넷 등 디지털 전자매체를 주로 다룬다. 보드리야르, 플루서, 그리고 상당한 유보와 함께 키틀러를 이 흐름으로 분류할 수 있을 것이다.

이 책은 유명한 베냐민의 텍스트에서 출발하려 한다. 〈기계복제시대의 예술작품〉1936은 미디어 이론들의 우주에서 범례적 역할을 한다. 비록 에세이 풍의 짧은 텍스트이지만, 미디어 연구에 패러다임을 제공함으로써 후속 이론들이 펼쳐지는 담론의 장場을 열어주었기 때문이다. 이와 함께 각별한 관심의 대상이 되는 것은 키틀러의 저작 《기록체계 1800/1900》1985이다. 21세기에 일어난 '미디어적 전회'가 바로 그 책에서 시작되었기 때문이다. 키틀러는 자기의 이론을 세우기 위해 맥루언, 플루서, 비릴리오 등 기존의 미디어 이론가들과 비판적으로 대결해야 했다. 그 결과 자연스레 미디어 이론의 역사를 회고하는 미네르바의 부엉이 역할을 하게 된다. 따라서 이 책을 마감하는 역할을 그에게 맡기기로 했다.

01

기계복제시대의 예술작품

발터 베냐민
Walter Benjamin

베냐민의 논문 〈기계복제시대의 예술작품〉1935은 오늘날 미디어 이론의 창립문서로 여겨진다. 망명시절 파리에서 작성된 논문은 이듬해인 1936년 불어번역으로 발표되는데, 이 과정에서 저자의 의지에 반하는 수정과 축약을 겪어야 했다. 편집자인 아도르노와 호르크하이머가 원고의 공산주의적 색채가 너무 강하다고 보았기 때문이다. 베냐민은 1938년 원고에 다시 손을 대 불어번역의 원치 않게 수정된 부분을 원래로 되돌리고, 여러 곳을 보완했다고 한다. 베냐민 자신은 이 논문을 "이름에 걸맞는 최초의 유물론적 예술론"이라 자평했다. 그는 이 논문에 커다란 사회적 반향이 있기를 기대했지만, 논문은 그가 살아 있는 동안에는 거의 주목을 받지 못하다가 68운동의 여파로 비로소 뒤늦게 뜨거운 관심의 대상이 된다.

복제가능성

논문에서 베냐민이 '모던'이라는 시대의 특징으로 주목한 것은 흥미롭게도 '기계복제의 가능성'이었다. 여기서 그가 염두에 둔 것은 물론 당시에 비약적으로 발전하던 사진술과 영화술이다. 사실 예술의 복제는 예술사만큼이나 오래된 현상이다. 널리 알려진 것처럼 고대인들은 동전에 신상이나 황제의 초상을 담았고, 근대인들은 목판, 동판, 석판 등 다양한 형태로 이미지 복제기술을 발전시켰다. 이렇게 복제기술은 고대로부터 존재해 왔음에도, 베냐민은 현대성의 본질을 하필 복제가능성에서 찾았다. 그것은 그의 시대에 이르러 복제기술이 비로소 그 이전과는 비교할 수 없을 정도의 발전단계에 달했기 때문이다. 그는 기계복제가 지닌 남다른 특성을 양적 측면과 질적 측면의 두 방향으로 설명한다.

먼저 '양적' 측면에서 볼 때, 복제기술은 사진술에 이르러 '보편적 복제가능성'의 수준에 도달했다. 손가락 하나의 움직임만으로 대상의 모상을 뜰 수 있을 때, 모든 것이 시각적으로 인용 가능해지고, 그로써 세계 전체가 복제의 영역으로 편입된다. 이어서 '질적' 측면에서 볼 때, 사진술은 원본과 복제의 지위를 전복시킨다. 즉 과거의 복제가 원본에 비해 열등했다면, 사진이라는 복제술은 어떤 면에서 원본보다 뛰어나다. 가령 블로스펠트나 쥘 마레의 크로노포토그라피가 보여주듯이, 카메라는 확대촬영과 고속촬영을 통해 인간의 눈보다 사물의 상태나 운동을 더 정확히 포착하기 때문이다. 이 역전에 힘입어 이제 복제는 그저 원작을 베끼는 데서 벗어나 거꾸로 원작 자체에 영향을 끼치게 된다.

이 지점에서 베냐민은 논문 전체를 관통하는 미학적 문제를 제기한다. "사진의 발명으로 인하여 예술의 전체 성격이 변한 것은 아닌가?"[3] 흥미롭게도 베냐민은 이 물음에 '지각론'의 관점에서 접근한다. 그는 일찍이 예술에서 양식변화의 원인으로 지각방식의 변화를 꼽은 것을 비엔나 학파의 공으로 돌리며, 동시에 그들이 그 지각의 변화의 바탕에 깔린 물적 조건의 변화를 보지는 못했다고 비판한다. 이 논리를 베냐민 자신의 시대에 적용하면, 20세기에 고전예술이 현대예술로 바뀐 것은 지각방식이 달라졌기 때문이고, 이는 다시 그 바탕에 깔린 물적 조건이 바뀐 결과라는 얘기가 될 것이다. 그리고 지각방식의 변화를 낳았다는 그 '물적 조건'은 물론 사진·영화 등의 기계복제기술을 가리킬 것이다.

20세기에 들어와 고전예술은 몰락하고 그것과 급진적으로 다른 현대예술이 등장한다. 하지만 당시 독일의 부르주아 교양층은 여전히 '독창성', '비의성', '천재성'과 같은 고전적 예술관에 사로잡혀 이 새로운 예술적 상황을 제대로 이해하지 못하고 있었다. 그런 의미에서 〈기계복제〉 논문은 예술에서 현대성을 옹호하는 모더니즘 미학의 강령이라는 성격을 띤다. 당시 독일 보수층의 낙후된 예술관은 결국 파시스트들이 연출하는 지도자숭배의 정서적 토대로 기능했다. 베냐민은 자신이 만들어낼 새로운 개념들은 절대로 그런 파시스트적 목적에 전용될 수 없을 것이라고 단언한다. 그런 의미에서 〈기계복제〉 논문은 동시에 마르크스주의 문화운동의 정치적 강령이기도 했다.

아우라의 파괴

19세기까지 서구사회의 주도적인 이미지는 회화와 연극이었고, 그것이 세계를 바라보는 근대인의 시각을 규정해 왔다. 회화와 연극의 작품은 원작으로, 오직 '지금, 여기'에서만 볼 수 있는 유일하며 일회적인 현상이다. 하지만 기술복제는 예술작품의 '지금, 여기', 즉 작품의 현존성을 파괴한다. 회화작품은 하나이나 그것의 복제는 무수할 수 있고, 연극의 공연은 현장에서만 볼 수 있으나 영화는 복제된 필름에 힘입어 언제 어디에서나 볼 수 있기 때문이다. 유일무이한 대상으로서 예술작품이 갖고 있었던 성스런 분위기를 베냐민은 '아우라'라고 부른다. 기계복제는 이 아우라를, 더 정확히 말하면 19세기까지 서구사회를 지배해왔던 아우라적 지각방식을 파괴한다.

원작은 일회성과 지속성을 가지나 복제는 반복성과 일시성을 갖는다. 즉, <모나리자>의 원작은 세상에 단 하나뿐이며 오랜 세월 보존되었으나, 그것의 사진은 수없이 많으며 그 각각이 짧은 수명을 누릴 뿐이다. 그런데 현대인은 워낙 복제에 익숙한 나머지 원작 앞에서도 분위기를 벗겨내고 그것의 모상을 뜨고 싶어 한다. 실제로 현대의 대중은 미술관의 원작들 앞에서 일단 사진부터 찍으려는, 억제하기 힘든 충동을 느낀다. 베냐민은 아우라적 지각을 "아무리 가까이 있어도 어떤 먼 것의 일회적 나타남"으로 정의한다. 이 정의를 뒤집으면 사진술에 힘입어 이제는 현대인의 것이

된 비非아우라적 지각의 정의가 얻어질 것이다. '아무리 멀리 있어도 어떤 가까운 것의 반복적 나타남.'

말할 필요도 없이 아우라는 예술작품이 태초에 가졌던 종교적, 제의적 기능의 흔적이다. 하지만 사람들이 신을 믿지 않게 된 후로도 오랫동안 이미지에는 여전히 신성한 분위기가 감돌고 있었다. 신은 떠났어도 분위기는 남은 상황. 이를 베냐민은 "부정신학"이라 부른다. 이 '신 없는 신학'이 이른바 '예술을 위한 예술'의 교리, 즉 예술을 신처럼 숭배하는 세기말의 유미주의다. 복제기술은 이미지에 집요하게 들러붙어 있는 이 종교적, 제의적 흔적마저 파괴해 버린다. 이로써 이미지의 기능이 다시 한 번 바뀐다. 종교적 기능과 미학적 기능의 뒤를 이어, 20세기의 이미지는 새로이 정치적 기능을 획득한다는 것이다. 실제로 20세기 모더니즘의 많은 흐름들은 자신을 예술운동이자 동시에 정치적 아방가르드로 이해했다.

베냐민에게 유일무이한 사물이 이렇게 다수의 복제로 교체되는 것이 '현대'라는 시대의 징후였다. 이는 영상 이전에 사물의 문제이기도 하다. 실제로 자본주의적 생산production은 그 자체가 이미 복제reproduction의 성격을 띤다. 단 하나의 프로토타입prototype으로 무수히 많은 스테레오타입들stereotypes을 찍어내는 식으로 이루어지기 때문이다. 이는 하나의 네거티브에서 수많은 사진을 인화하는 과정과 동일하다. 이로써 위기에 처한 것은 "사물의 권위"다. 오늘날 '사물'은 대부분 유일물unikat이 아니라 복제duplikat로 존재한다. 이렇게 자본주의적 생산 하에서는 사물의 자체가 원본이 아닌 복제의 형태를 띤다. 이 경향이 사진과 영화라는 복제 기술을 통해 지각의 세계로까지 연장된 셈이다.

미에서 진리로

아우라적 지각의 관성은 강력하고 집요했다. 거기에는 몇 가지 이유가 있다. 먼저, 초창기 사진은 그 기술의 성격상 아우라를 가질 수밖에 없었다. 다게로타이프와 같은 초창기의 사진들은 은판에 직접 이미지를 인화하는 방식으로 만들어진 것이라, 그 자체가 복제가 불가능한 원본이었다. 또 사진의 초창기에는 노출시간이 길어서 촬영과정에서 피사체와 카메라 사이에 기나긴 시선의 마주침이 존재했다. 긴 노출시간으로 인해 자연스레 시각적 종합이 이루어져, 그것이 사진에 회화와 같은 분위기를 부여했다. 마지막으로 아직 사진이 비쌌던 시절 초상사진을 찍을 수 있는 이들은 상승기의 부르주아 계층의 인물들이었다. 한 마디로 피사체 자체에 이미 인격의 아우라가 존재했던 것이다.

하지만 사진의 기술적 성격이 변한다 해서 저절로 아우라적 지각이 사라진 것은 아니다. 초창기 사진사들은 대부분 화가에서 전업을 한 이들이었다. 그들은 사진촬영에 자기들에게 익숙한 회화의 미학을 적용했고, 칼로타이프 이후 사진술이 복제술로 변모한 후에도 여전히 낡은 회화의 관습에 따라 '회화적 사진' pictorialism을 찍으려 했다. 모델들을 데려다가 고전회화를 연상시키는 구도로 연출을 해서 찍거나, 일부러 노출을 길게 하여 사진에 회화적 터치를 주거나, 아예 감광물질을 입힌 캔버스 위에 인화함으로써 사진에 회화의 질감을 주는 등, 회화적 효과를 내기 위해 온갖 방법이 동원됐다. 사진이라는 뉴미디어가 회화라는 올드 미디어의 미학에 지배당하고 있었던 것이다.

이 관행에 전환점이 된 것은 프랑스의 사진사 외젠 아제Eugène Atget, 1857-1927였다. 그는 현대화의 과정에서 사라져가는 파리의 옛 거리와 건물들의 모습을 냉정한 기계의 눈으로 사진에 담았다. 거기에 담긴 파리는 사람들이 그 동안 알고 있던 파리와 달리 너무 황량해 보였다. 당시 사람들은 아직 회화에서 비롯된 아우라적 지각에 익숙했으나, 그저 '기록'이나 '자료'이고자 했던 아제의 사진은 파리의 거리에서 사정없이 시적 분위기를 걷어냈기 때문이다. 정취가 사라진 파리의 낯선 모습을 초현실주의자들은 자신들이 추구하던 '초현실'로 보아 열광했지만, 정작 아제 자신은 초현실주의 미학과 사이의 관련을 부정했다. 그는 자신의 사진이 작품works이 아니라 그저 자료documents에 불과하다고 주장했다.

베냐민은 화가와 카메라맨의 차이를 마법사와 외과의사의 그것에 비유한다. 화가가 환자의 배를 쓰다듬는 마법사와 같다면, 카메라맨은 냉정하게 환부에 메스를 들이대는 외과의사와 같다는 것이다. 베냐민이 현미경 확대촬영으로 자연의 미시세계를 보여준 블로스펠트Karl Blossfeldt, 1865-1932와 사진으로 당시 독일사회의 모든 계급, 계층의 사회적 초상을 작성한 잔더August Sander, 1876-1964를 극

찬한 것도 그 때문이다. 한 마디로, 사진은 이제 '아름다움'이 아니라 '진실'을 추구해야 한다는 것이다. 카메라는 포근한 시적 지각을 차가운 과학적 지각으로 바꾸어 놓았다. 그로써 이미지는 이제 현실을 미화하는 미적 기능 대신에 새로 냉철한 인식을 매개하는 정치적 기능을 획득한다.

분산적 지각

사진과 회화의 차이에서 시작한 베냐민의 분석은 자연스레 연극과 영화의 차이로 이어진다. 사진이 회화의 아우라를 파괴하듯이, 영화는 연극의 아우라를 파괴한다. 베냐민에 따르면, 연극의 연기자는 이중의 아우라를 갖는다. 예를 들어 맥베드의 연기자는 배우의 아우라 외에 맥베드라는 배역의 아우라도 함께 갖게 된다. 연극의 관객은 현장에서 이 이중의 아우라에 압도당하고 만다. 반면 영화배우는 관객이 아니라 카메라 앞에서 연기한다. 연기와 상연이 분리되어 있기에, 영화의 관객은 분위기에 압도당하지 않고 배우의 연기를 카메라맨의 눈으로, 혹은 'NG!'를 외치는 감독의 눈으로 냉정하게 판단한다. 한 마디로 영화는 관객으로 하여금 비판적 태도를 갖게 한다는 것이다.

연극에서는 한번 막이 올라가면 다시 막이 내릴 때까지 상황이 지속된다. 반면 영화는 단절된 쇼트와 쇼트의 결합으로 이루어져 있어, 특정 장면에 머무르려고 해도 화면이 순식간에 흘러가 버린다. 연극이 관객을 극중 현실에 몰입시킨다면, 영화는 몰입을 깨어 관객으로 하여금 상황을 비판적으로 바라보게 만든다. 연극의 관객이 전설 속의 중국화가가 제 그림 속으로 들어가듯이 극 속으로 빨려 들어간다면, 영화의 관객은 거꾸로 시시각각 변하는 단편적 영상들을 제 안으로 빨아들인다. 한 마디로, 영화가 관객을 주체적 수용자로 바꾸어 놓는다는 것이다. 기계복제는 이처럼 "피카소의 그림을 보는 보수적 태도를 채플린의 영화를 보는 진보적 태도로 바꾸어 놓는다."[4)]

이런 인식은 물론 브레히트Berthold Brecht, 1898–1956의 '서사극' 이론과 관련이 있다. 브레히트에 따르면, 아리스토텔레스의 전통을 따르는 서구의 연극은 관객을 무대 위의 가상에 몰입시키는 것을 지향한다. 넋을 잃고 극중 현실에 몰입함으로써 관객은 극의 바탕에 깔린 지배 이데올로기를 무비판적으로 수용하게 된다. 이를 막기 위해 브레히트는 일부러 몰입을 중단시켜 관객들에게 극중 상황에 대해 비판적 거리를 취하라고 촉구한다. 이것이 이른바 '반反아리스토텔레스 연극'의 원리다. 베냐민은 브레히트가 연극에서 기법으로 추구했던 원리가 영화 속에는 이미 기술적 조건으로 들어와 있다고 보았다. 영화 자체가 계속 단절되는 쇼트의 결합으로 이루어지기 때문이다.

베냐민에 따르면, 회화나 연극과 같은 고급예술은 관객에게 고도의 정신집중Sammlung을 요하나, 영화와 같은 대중매체는 정신분산Zerstreuung을 위한 오락이기에 대중에게 산만하게 지각된다.

그 시대의 영화관에서는 관객들이 관람 중에 환호도 하고, 야유도 하고, 요란하게 떠들었다는 점을 생각하라. 정신분산, 혹은 산만한 지각은 흔히 부정적 현상으로 여겨지나, 베냐민은 거기서 외려 긍정적 측면을 본다. 정신 분산적 지각에 힘입어 관객은 가상에 수동적으로 몰입하는 대신에 그것을 능동적으로 흡수하면서, 분위기에 주눅 들지 않고 자기가 보는 것에 대해 냉정한 비평적 태도를 유지하게 된다는 것이다. 그런 의미에서 영화의 관객을 그는 "산만한 검사자"라 규정한다.

촉각적 지각

'정신분산'은 현대적 지각의 고유한 특성이다. 정신없이 돌아가는 대도시에서는 개개의 사물에 집중할 수가 없어 주위의 풍경을 얼룩덜룩한 전체적 인상으로 받아들이게 된다. 윤곽이 흐릿한 인상주의 회화는 그런 대도시 지각의 시각적 표현이다. 신문을 읽을 때도 마찬가지다. 우리는 표제, 사진, 광고를 대충 훑어봄으로써 그날의 상황에 대한 전체적 인상을 획득한다. 이는 끊임없이 밀려오는 단절된 쇼트들을 조합해 거기서 영화의 전체적 줄거리를 얻어내는 것과 비슷하다. 베냐민에 따르면 "역사의 전환기에서 인간의 지각구조에 부과된 과제"는 "촉각적 수용의 주도 하의 익숙함을 통해 점차적으로 해결" 될 수가 있는 바, 현대의 대중은 거기에 필요한 "고유한 연습 수단을 영화에서 찾고 있다."[5)]

베냐민이 영화의 수용을 건축의 지각에 비유하는 것도 이와 관련이 있다. 건축의 지각은 운동지각kinaesthesia이다. 즉 건물을 지각할 때, 우리는 몸을 움직여 건물의 이곳저곳을 다니며 그때마다 변하는 그것의 구조들을 익숙함의 형태로 신체에 기입하게 된다. 이렇게 몸 전체로 기억한다는 의미에서 건축의 지각은 '촉각적' taktil이다. 영화의 지각도 다르지 않다. 관객은 움직이지 않아도 카메라는 끊임없이 움직인다. 영화의 관객은 자신의 시선을 카메라와 동일시함으로써 영화관 안에 앉아 있으면서도 카메라를 따라 영화관 밖의 세계로 여행을 떠난다. 이렇게 영화의 지각은 촉각적으로, 즉 움직이는 카메라의 파편적 영상들을 몸으로 받아들이는 운동지각의 형태로 이루어진다.

아마도 오늘날 운전자들은 베냐민이 언급한 두 가지 예, 즉 신체를 움직여 건물을 지각하는 것과 영화관에서 쇼트의 연쇄를 지각하는 것을 동시에 체험할 것이다. 자동차를 모는 운전자는 차창 밖으로 펼쳐지는 풍경에 집중할 수가 없다. 만약에 집중을 한다면 운전자는 사고를 내고 말 것이다. 차를 운전하려면 하나에 집중을 할 것이 아니라 주의력을 여러 곳에 분산시켜야 한다. 가령 정면과 좌우와 후방을 번갈아 주시하면서 동시에 각종 계기들을 살펴야 한다. 운전을 배운다는 것은 이 모든 과제를 신체의 기억에 따라 해내는 멀티태스킹의 능력을 획득하는 것을 의미한다. 도시의 지리를 파악하고, 그 속에서 제 길을 찾아가게 해주는 것은 신체의 기억에 의존하는 분산적 지각이다.

이 모든 것은 결국 인간의 신체가 현대의 기계적 속도에 적응하는 방식이리라. 산업혁명 이후 인간은 자연과 직접 접촉하는 대신에 자신과 자연 사이에 기계를 끼워 넣게 되었다. 그 덕에 사회는 자연적 속도를 넘어 기계적 속도에 도달했으나, 인간의 신체는 여전히 자연의 한계에 묶여 있을 수밖에 없다. 이 두 가지 속도의 괴리를 극복하려면, 당연히 세계를 분산적으로 지각하고, 그 지각의 파편들을 익숙함의 형태로 신체에 기입하는 수밖에 없다. 이른바 '인터페이스', 즉 인간과 기계의 접촉면 위에서 유기체는 무기물이 주는 충격을 고스란히 받게 된다. 한 마디로, '분산적 지각'이나 '촉각적 지각'이란 결국 인간 유기체가 기계화의 충격으로부터 자신을 방어하는 기제인 셈이다.

몽타주의 미학

영화의 수용은 또 다른 의미에서도 촉각적이다. 그것은 관객의 신체에 '충격'을 각인시키는 방식으로 이루어지기 때문이다. 위에서 말한 것처럼 연속적인 연극의 지각과 달리 영화의 지각은 단속적이다. 영화의 관객은 육박해 오는 단속적 이미지들 물결에 그대로 노출된 채 쇼트와 쇼트의 충돌이 만들어내는 '충격'을 온 몸으로 흡수하게 된다. 베냐민의 지적대로, 영화라는 매체를 통해 대중은 현대사회에 요구되는 지각의 훈련을 하는 셈이다. 새로운 매체는 새로운 지각을 낳고, 이 새로운 지각은 다시 새로운 예술을 낳기 마련이다. 결국 20세기 모더니즘 예술은 결국 사진술과 영화술이 낳은 현대적 지각의 산물이라 할 수 있다. <기계복제> 논문의 요지는 결국 이 한 마디로 요약할 수 있다.

몇 가지 실례를 들어 보자. 베를린 다다와 러시아 구축주의자들이 즐겨 쓰던 '포토몽타주'는 실은 영화술에서 유래한 것이다. 영화 자체가 쇼트와 쇼트를 이어붙인 몽타주이고, 포토몽타주는 이를 회화로 끌어들인 것에 불과하기 때문이다. '기술적 의미'에서 모든 영화는 몽타주라 할 수 있다. 하지만 충격 효과를 극대화하기 위해 쇼트와 쇼트를 의도적으로 격렬하게 충돌시킬 때, 그 영화는 '미학적 의미'에서 몽타주, 즉 기법으로서 몽타주가 된다. 가령 에이젠쉬쩨인의 영화 <전함 포템킨>의 '오뎃사 계단 장면'을 생각해 보라. 몽타주의 이 충격효과를 조형예술로 끌고 들어온 것이 바로 다다이즘이다. 베냐민에 따르면, 다다에 이르러 예술은 "시청각적 구조물이기를 그치고 폭탄이 된다."[6]

폭탄을 방불케 하는 충격효과는 실은 다다이스트들의 전유물이 아니다. 미학자 아도르노는 다다이스트나 구축주의자들의 포토몽타주만이 아니라, 어떤 의미에서는 현대예술 전체가 일종의 몽타주라고 지적한다. 예를 들어 현대예술을 대표하는 피카소의 작품들을 생각해 보라. 분석적 단계든, 종합적 단계든, 입체주의 작품들 속에서 세계는 해체되어 파편들의 결합으로 재조립된다. 이렇게 현대예술은 '유기적 전체'를 지향하는 고전예술과 달리 몽타주, 즉 '파편들의 조립'으로 만들어진다. 따라서 두 예술이 추구하는 효과도 다르다. 과거의 예술이 지각적 쾌감이나 정서적 감동을 추구했다면, 현대예술은 쾌감이나 감동보다 지적 충격 intellectual shock을 주려고 한다.

여기서 다시 <기계복제> 논문의 가장 중요한 물음으로 돌아가 보자. "사진술의 등장으로 전체 예술생산의 성격 자체가 변한 것은 아닐까?" 20세기에 고전예술이 현대예술로 바뀐 것만 보아도, 실제로 사진술로 인해 예술생산의 성격 자체가 변했다는 것을 알 수 있다. 베냐민은 이를 이렇게 묘사한다. "예술이, 지금까지 그것이 피어날 수 있는 유일한 영역으로 간주되어온 '아름다운 가상'의 왕국으로부터 벗어나고 있다."[7] 여기서 '아름다운 가상'이란 물론 고전예술의 이념을 가리킨다. 고대의 아리스토텔레스 이후 19세기 말에 이르기까지 서구에서 예술의 본질은 '허구'이며, 그것의 목적은 '아름다움'에 있는 것으로 여겨져 왔다. 현대예술은 이 오래된 '미적 허구'=아름다운 가상라는 관념을 사정없이 파괴한다.

텍스트로서 이미지

현대예술이 '아름다운 거짓'이기를 포기한 것은 '추한 진실'이 되기 위해서다. 고전예술이 '유기적 전체성'을 가졌다면, 현대예술은 '파편들의 조립'으로 이루어져 있어, 그 파편들 사이로 보기 흉한 균열을 그대로 드러낸다. 베냐민에 따르면, 현대사회에서 인간관계는 이미 추상적인 것으로 변해 그저 가시적 표면을 재현하는 것만으로는 그 본질을 드러낼 수 없다. 예를 들어 AEG와 같은 회사의 내부를 찍은 사진이 그곳의 계급관계를 보여주는 것은 아니다. 현상 너머의 본질을 전달하려면, 가시적 현실을 마치 폭파하듯이 해체, 분해한 후에 그 파편들을 조립하여 현실을 재구성해야 한다는 것이다. 베냐민은 브레히트를 인용하여 이렇게 말한다.

> "상황이 너무 복잡해졌기 때문에 단순한 현실의 재현은 그 어느 때보다 현실에 대해 무엇인가를 설명해줄 수 없게 되었다. 중공업그룹의 중기계공장이나 A.E.G 전기회사를 찍어봤자 이것은 이들 조직체에 대해서는 아무 것도 말해주지 않는다. 이를 테면 공장과 같은 인간관계의 물화현상은 인간관계를 더 이상 밖으로 끄집어내지 못하게 한다. 그러니까 무엇인가 인위적이고 인공적인 것을 끄집어내지 않으면 안 된다."[8)]

인위적이고 인공적인 조립을 해서라도 가시적 현상 아래에 깔린 사태의 본질을 드러내는 것. 이것이 바로 포토몽타주의 전략이다. 예를 들어 존 허트필드의 <히틀러식 경례의 의미>1932는 몽타주 기법을 통해 우리 눈에 위대한 지도자로 보이는 이가 실은 독점자본의 하수인에 불과하다는 것을 폭로한다. 베를린 다다와 러시아 구축주의자들은 이처럼 포토몽타주를 정치적 무기로 사용했다. 한편, 이런 정치적, 과학적 관심에 벗어나 사진술을 다시 미에 종속시킬 경우, 예술연 하는 속물적 사진이 등장하게 된다. 가령 렝어-파치의 신즉물주의 사진 속에서 자본주의적 산업, 즉 물화한 인간관계를 한 폭의 아름다운 풍경으로 나타난다. 물론 이 '아름다운 가상'속에서 자본주의의 본질은 간단히 은폐되고 만다.

돌이켜보면, 아득한 과거에 이미지는 '주술'을 위해 만들어졌다. 이 마술적·제의적 기능을 상실한 후에 이미지는 주로 '감상'을 위해 만들어졌다. 이때 이미지는 미적 기능을 발휘했다. 하지만 사진술이 등장하면서 이미지는 다시금 새로운 기능을, 즉 '진리'를 말하는 정치적 기능을 얻게 된다. 이제 이미지의 목표는 '아름다움'이 아니라 '진실'에 있다. 이렇게 이미지가 진리를 말하는 데에 사용될 때, 그것은 당연히 텍스트의 성격을 띠게 된다. 그리고 텍스트는 해독되어야 한다. 베냐민이 인용하는 모호이-나지의 말대로, "미래의 문맹자는 글자가 아니라 사진을 못 읽는 사람이 될 것이다." 베냐민이 사진에서 표제의 역할을 강조하는 것도 그와 관련이 있다. 표제는 사진의 '감상'이 아니라 '해독'에 필요하기 때문이다.

예술의 정치화

베냐민은 최초의 '시뮬라크르 사상가'였다. 복제가 원본을 능가할 때 복제에 대한 원본의 우위라는 해묵은 플라톤주의는 무너진다. 베냐민은 유일무이한 원본이 복제라는 시뮬라크르들 속으로 해체되는 것을 외려 진보적 현상으로 본다. 복제기술 덕에 역사상 처음으로 일반대중이 문화예술의 수용자가 될 수 있었기 때문이다. 이렇게 '대중'mass이 미디어media의 집단적 수용자로 대두하는 것을 그는 '현대'의 가장 중요한 징후로 꼽았다. 대중매체는 나아가 "독자와 필자의 구별"을 "신분적인 것에서 기능적인 것으로" 바꾸어 놓는다. 이처럼 베냐민에게 기계복제는 곧 대중 민주주의의 가능성을 의미한다. 그것이 대중을 문화적 수용의 주체이자 동시에 생산의 주체로 만들어주기 때문이다.

베냐민은 최초의 '미디어 철학자'이기도 했다. 기술복제라는 미디어 현상에 지각의 관점에서 접근함으로써 현대적 미디어 철학의 지평을 열었기 때문이다. 베냐민에 따르면, 작품에 침잠하는 고전예술의 감상자와 달리 영화의 관객은 채플린 영화를 보듯이 그것을 오락'정신분산'으로 가볍게 즐긴다. 그 안에서 그는 혁명적 의식의 가능성을 본다. 시시각각 변하는 영화의 영상은 몰입을 방해하여 대중으로 하여금 영화 속 사건에 늘 비판적 거리를 취하게 만든다. 한마디로, 영화의 이 탈脫아우라적 지각방식이 대중을 '산만한 검사자'로 만들어 준다는 것이다. 베냐민은 이 산만한 검사자들이 사회적 비판의 집단적 주체가 되어 영화관을 떠날 것을 기대했다.

또 하나 빼놓을 수 없는 것은, 베냐민이 〈기계복제〉 논문을 통해 모더니즘 미학의 강령을 제시했다는 점이다. 그는 복제기술이 제의의 흔적'아우라'을 파괴함으로써 정치적 기능을 가진 새로운 예술을 낳았다고 말한다. 그것이 바로 20세기의 아방가르드 예술이다. 미래주의, 구축주의, 다다이즘, 초현실주의 등 모더니즘 예술은 대부분 자신을 예술적 운동이자 동시에 정치적 운동으로 이해했다. 마찬가지로 〈기술복제〉 논문 역시 모더니즘 운동의 미학적 강령이자, 동시에 그것을 가지고 현실정치에 개입하려는 사회주의 운동의 정치적 강령이었다. 베냐민은 자신이 이 논문에서 발전시킨 미학적 개념들이 절대로 "파시즘의 목적"에는 전용될 수 없을 것이라고 굳게 믿었다.

하지만 현실은 불행히도 그의 기대와 다르게 흘러갔다. 그는 영화가 아우라적 지각을 파괴한다고 말했으나, 파시스트들은 영화를 자신들의 운동과 지도자에게 정치적 아우라를 뒤집어씌우는 선동매체로 요긴하게 활용해 먹었다. 베냐민은 또 테크놀로지가 낳은 새로운 지각방식이 대중의 비판의식을 고양시켜 줄 것이라고 믿었다. 하지만 이탈리아 미래파에게서 보듯이, 테크놀로지가 낳은 새로운 지각방식이 엉뚱하게 전쟁에서 미적 만족을 느끼는 변태적 방향으로 흐르기도 했다. 이 당혹스러운 상황을 보고, 베냐민은 뒤늦게 논문에 붙인 '추기'를 통해 파시즘의 "정치의 유미화"에 공산주의는 "예술의 정치화"로 맞서야 한다고 덧붙였다. 하지만 그것으로 가혹한 역사의 흐름을 뒤바꾸어 놓을 수는 없었다.

베냐민과 아도르노

베냐민은 '자본주의가 자본주의적 생산력 자체에 의해 무너진다.'는 마르크스주의의 일반적 명제에 따라 사진술이나 영화술과 같은 이미지 복제기술이 자본주의 체제를 전복시키는 문화적 잠재력을 품고 있다고 믿은 듯하다. 그의 생각은 오늘날 지나치게 낙관적이었던 것으로 평가된다. 그가 <기계복제> 논문 속에서 제시한 명제들도 오늘날에는 대부분 받아들여지지 않는다. 가령 영화가 관객의 몰입을 방해한다거나, '산만한' 지각이 대중의 비판적 의식화에 기여한다는 얘기는 외려 우리 귀에 이상하게 들린다. 영화만큼 몰입적인 매체도 없기 때문이다. 오늘날 관객은 영화에 무비판적으로 몰입하는 편이다. 영화의 관객이 사회·정치적으로 특별히 비판적인 것도 아니다.

베냐민의 이론에 대한 비판은 그의 절친한 친구였던 아도르노에게서 나왔다. 그는 매스미디어가 초래한 변화들에 지극히 비관적 견해를 표명한다. 매스미디어가 중앙집중의 경향을 통해 개인의 자유를 제약하는 새로운 전체주의를 낳을 수 있다는 것이다.[9)] 실제로 할리우드 영화는 해피엔딩으로 완전한 몰입을 보장하며 대중을 체제 순응적으로 길들이며, 아우라를 파괴하기는커녕 '스타 시스템'이라는 기제로 폐기된 아우라를 다시 복위시킨다. 나아가 복제예술이 인간의 지각방식에 끼치는 영향에 대해서도 아도르노는 부정적 입장을 드러낸다. 가령 음반이라는 복제매체는 듣는 능력을 길러주는 게 아니라, 음악의 지각을 반복적 패턴에 고정시킴으로써 진정한 듣기능력을 외려 '퇴행'시킨다는 것이다.

베냐민에 대한 아도르노의 비판은, 아우라의 파괴가 자본주의적 조건 하에서는 진보가 아니라 진보의 왜곡으로 나타난다는 것으로 요약된다. 대중과 대중매체에 대해 이처럼 비판적 시각을 견지한 것은 그가 미국에서 이미 자본주의적 '문화산업'을 목격했기 때문이리라. 문화산업은 표준화·합리화를 통해 "개인들의 행동과 사고와 감정을 획일화"하기 마련이다.[10] 하지만 아도르노가 논문에서 가장 우려한 것은 아마도 '자율적 예술'을 싸잡아 아우라적 지각으로 매도하는 부분이었을 것이다. 아도르노에 따르면, 예술은 자율적이어야 한다. 그렇지 않으면 정치적 프로파간다로 전락할 것이기 때문이다. 한 마디로 그는 아우라의 파괴가 예술적 자율성의 파괴로까지 이어지는 사태를 우려했던 것이다.[11]

이제까지 언급한 여러 한계에도 불구하고, 베냐민의 텍스트는 디지털 미디어가 지배하는 오늘날까지 미디어 담론에서 전범의 역할을 하고 있다. 그가 내세운 개별 명제들은 거의 폐기되었지만, 그가 사용한 분석틀만큼은 여전히 살아서 끈질긴 이론적 생명력을 과시하고 있는 것이다. 베냐민이 믿었던 복제매체의 잠재력 역시 과연 그의 예견대로 오늘날 실현되기는 했다. 다만 그의 기대와는 반대로 철저히 자본주의적 현실이 되었다. 예를 들어 앤디 워홀의 작품세계는 그 역설적 상황의 예술적 표현이리라.

02

제국과 커뮤니케이션

해롤드 이니스
Harold Innis

헤롤드 이니스는 미디어 연구의 선구자로, 그의 영향을 받은 마셜 맥루언, 월터 옹 등과 함께 이른바 미디어 이론의 '캐나다 학파'를 이루게 된다. 이니스는 원래 커뮤니케이션 이론가가 아니었다. 그는 경제학자로서 토론토 대학에서 정치경제학을 가르쳤다. 그는 어린 시절 역 근처에서 살면서 철도를 통해 전국에서 생산된 산물들이 역에 집결했다가 거기서 다시 다른 곳들로 뻗어나가는 장관을 보며 자랐다고 한다. 철도 수송망의 확산과 캐나다 경제발전 사이의 상관관계를 보면서, 그는 자신만의 정치경제학을 발전시키는 데에 필요한 이론적 영감을 얻게 된다. 그의 이론이 고전적 정치경제학과 달리 '생산'이 아닌 '유통'의 측면에서 문제에 접근하는 것은 이 때문이다. 나아가 그가 돌, 종이, 진흙 등 매체의 물질적·소재적 측면에 각별한 의미를 부여하는 것 역시 커뮤니케이션이라는 현상을 주로 수송의 관점에서 바라보는 것과 관련이 있을 것이다.

커뮤니케이션의 편향

이니스는 문명의 역사에 접근하는 데에 흥미로운 방법을 사용한다. '미디어'를 매개변수로 삼아 그 동안 지구 위에 존재해 왔던 주요한 문명의 흥망성쇠를 설명하는 것이다. 이니스에 따르면, 모든 문명은 사회적 소통을 위해 매체를 사용하는 바, 각 매체에는 저마다 소재의 물리적 특성에서 비롯되는 고유한 편향bias이 존재한다. 한 문명의 운명은 그것이 사용하는 매체에 내재한 그 편향을 극복하느냐 못 하느냐에 따라 결정된다. 특정 매체의 과도한 사용으로 인해 발생한 편향은 그와 반대되는 편향을 가진 매체의 사용으로 상쇄될 수 있다. 모든 문명은 이렇게 한 매체의 편향을 반대의 편향을 가진 다른 매체로 상쇄하며 존속하다가, 그 균형의 유지에 실패하는 순간 몰락하고 만다는 것이다. 이니스에 따르면, 미디어는 이처럼 그저 정보를 전달하는 도구에 머무는 게 아니라, 한 문명의 성격과 그 문명의 운명 자체를 좌우한다고 한다.[12)]

이니스는 매체를 크게 두 종류로 구분한다. 하나는 돌이나 흙처럼 내구성 있는 재료를 사용하는 '시간 편향적 매체'time biased media다. 예를 들어 이집트인들이 벽에 새긴 상형문자와 오벨리스크는 수천 년이 지난 지금까지도 온전히 남아 있다. 이처럼 내구성이 강한 매체는 시간적으로 오래 지속되나, 무겁기 때문에 공간적으로 확산되기는 어렵다. 매체의 물리적 특성이 거기에 담기는 지식의 성격을 결정하기도 한다. 가령 돌처럼 지구성 있는 매체에 기입되는 정보는 주로 영원불변한 종교적 진리다. 그런 매체에 의존하는 사회는 전통적·보수적일 수밖에 없다. 다른 하나는 파피루스처럼 가볍고 내구성이 없는 '공간 편향적 매체'space biased media다. 종이는 가벼워 공간적 확산은 쉬우나 오래 지속되지는 않는다. 거기에 적힌 정보란 당연히 일시적이고 일상적인 성격의 것이다. 시간을 정복한 사회가 종교적이라면, 공간을 정복한 문명은 군사적·제국주의적이다. 그런 사회에서는 행정이나 법이 중요하다.

무거운 매체/가벼운 매체의 구분과 함께 기억해해 둬야 할 또 다른 구분법은 바로 '말'과 '글'의 구분이다. 그리스-로마 문명의 역사를 설명하는 가운데 이니스는 특히 구술문화와 문자문화의 조화와 대립이라는 측면에 주목한다. 흥미롭게도 그는 구술문화가 시간편향을 갖는 반면, 문자문화는 공간편향을 갖는다고 보았다. 구술문화에서 말은 발화되는 순간 그냥 사라지지 않는다. 그것이 중요한 내용일 경우, 입에서 입으로 오랜 기간 동안 전승되어 공동체의 기억으로 침전된다. 하지만 그 때문에 공간적으로 확산되는 데에는 한계가 있다. 반면, 문자문화를 대표하는 파피루스는 내구성이 없어서 오래 지속되지는 못한다. 하지만 가벼워서 공간적으로는 널리 확산되는 데에는 유리하다. 이니스가 '말'을 시간 편향적 매체로, '글'을 공간 편향적 매체로 등치한 것은 이 때문이다. 이니스가 도입한 '구술문화와 문자문화'의 구별은

후에 캐나다 학파의 다른 학자들의 이론에서 매우 중요한 역할을 하게 된다.

이니스에 따르면 한 문명이 존속하려면 시간과 공간의 차원이 편향bias 없이 균형을 유지해야 한다. 하지만 문명이 발달하면서 그 문명이 주로 의존하는 매체에서 비롯된 편향은 심화될 수밖에 없다. 그 편향을 다른 편향으로 상쇄하여 균형을 회복하면 문명은 지속되나, 거기에 실패하면 편향으로 인해 몰락할 수밖에 없다는 것이다. 한 가지 흥미로운 것은, 일반적으로 한 문명의 최고 전성기는 그것이 몰락하기 직전이라는 사실이다. 다시 말해 한 문명은 자신의 편향을 극한으로 보여준 직후에 몰락한다는 것이다. 이니스는 이를 미네르바의 올빼미에 비유한다. 물론 이는 '미네르바의 올빼미는 해가 질 녘에야 비로소 날기 시작한다.'는 헤겔의 잠언을 인용한 것이다. 이니스는 매체의 '시간편향 대對 공간편향'라는 매개변수를 적용하여 고대 이집트에서 현대에 이르기까지 인류의 주요한 문명의 부침을 서사시와 같은 장쾌한 스타일로 서술한다.[13]

오벨리스크와 파피루스

이집트 문명의 과제는 시간의 유한성을 극복하는 데에 있었다. 이집트에서는 나일강의 범람을 예측하는 능력이 왕조의 토대가 되었다. 형성된 왕조는 지속을 고민하기 마련이다. 그리하여 그들은 피라미드와 스핑크스를 지었고, 심지어 사체마저도 썩어 없어지지 않도록 방부처리를 했다. 이집트 문명은 시간 지향적이었다. 그들은 문명의 가장 중요한 기록을 상형문자에 담아 돌에 새겼다. 이로써 그 문명은 자연스레 시간편향time bias을 갖게 된다. 신전이나 무덤의 벽, 오벨리스크와 같은 기념비에 새겨진 정보는 쉽게 다른 지역으로 운송될 수 없기 때문이다. 이집트가 자신을 제국으로 확장하려면 물론 돌과는 다른 매체가 필요했다. 그 과제는 파피루스의 발명으로 해결된다. 넓은 지역을 다스리려면 문서를 통한 통치가 필요하고, 거기에는 내구성은 없어도 운반이 간편한 종이가 적격이었다. 파피루스의 발명으로 영원한 시간 속에 자폐되어 있던 이집트는 비로소 지중해 전역을 지배하는 제국으로 성장할 수 있었다.

하지만 파피루스에도 물론 편향이 있다. 돌과는 달리 그것은 공간편향space bias을 갖는다. 앞에서 언급했듯이, 매체의 물리적 성격이 동시에 거기에 기록되는 정보의 성격을 결정하는 경향이 있다. 예를 들어 건물이나 무덤, 혹은 기념비에 새겨지는 정보란 대개 국가나 종교의 존속에 관련된 신성한 내용일 수밖에 없다. 반면 내구성이 없는 파피루스에 새겨지는 정보는 그날그날 달라지는 일상적 정보, 즉 행정이나 경제, 혹은 시민의 일상에 관한 지극히 세속적인 정보일 수밖에 없다. 주요한 매체가 무엇이냐에 그 사회의 주요한 정보가 결정되고, 그 정보를 누가 쥐고 있느냐에 따라 그 사회의 주도적 계급과 계층이 결정된다. 이렇게 매체는 그 사회의 성격을 미리 알려준다. 예를 들어 시간편향을 가진 사회는 보수적이기 쉽고, 공간편향을 가진 사회는 개방적인 경향을 보인다. 이를 구심력 대 원심력의 관계에 비유할 수 있을 것이다. 이집트 문명은 파피루스의 사용이 낳은 이 새로운 원심력공간편향을 바로잡아줄 구심력시간편향의 부족으로 결국 멸망하고 만다.

중앙권력을 무너뜨리는 움직임은 변방에서 대개 나타난다. 어디에서나 피억압자나 주류에서 이탈한 자들이 변방으로 물러나 거기서 저만의 매체를 만들기 마련인데, 이집트의 경우에는 그것이 파피루스였다는 것이다. 파피루스는 상업적이고 실용적인 매체로, 널리 공간적 확산이 가능했다. 이 매체의 사용자들은 당연히 신성한 진리를 승용문자로 기록하던 계층과는 완전히 다른 의식을 가진 사람들이었을 것이다. 석재를 사용하던 계층이 신성한 지식을 신전 안에 영원히 보존하려 했다면, 파피루스를 사용하는 계층은 자신이 획득한 정보와 지식을 널리 확산시키려는 경향이 있었다. 이렇게 시·공간의 축으로 지식을 배분하는 것을 이니스는 '산포'dissemination라 부른다. 공교롭게도 이는 데리다의 용어와 일치한다. 데리다에게 '산포'는 동일성을 무너뜨리는 해체의 전략과 연관이 있다. 파피루스로 인한 지식의 공간적 산포 역시 비슷한 효과를 냈을 것이다. 그의 말대로 "한 미디어의 등장은 곧 사회의 변혁"이기 때문이다.

구술문화와 문자문화

고대 그리스는 문명의 수준에 비해 문자의 도입이 늦은 편이었다. 소크라테스가 결코 글을 쓰지 않았던 것을 기억해 보라. 하지만 문자의 도입이 지체된 것은 두 가지 측면에서 외려 축복이었다. 첫째, 그 덕에 그리스는 모든 시민이 대화로 국사를 결정하는 직접민주주의를 가질 수 있었다. 글이 독백적이라면, 말은 대화적이다. 구술문화는 위계적 권력에 적대적이다. 문자문화에서는 문자를 읽고 쓰는 소수의 그룹이 지식과 권력을 독점하나, 구술문화에서는 중요한 사회적 결정이 성원들의 대화로 내려진다. 둘째, 문자 도입의 지체는 그리스의 빛나는 예술문화로 이어졌다. 구술문화의 전통이 강했던 덕에 그리스인들은 추상적·개념적 사유 외에도 발달한 형상적 사유를 가질 수 있었다. 기독교와 같은 텍스트의 종교는 이미지를 금지한다. 하지만 그리스에서는 신들마저 신전과 신상, 연극, 서사시 등 예술적 이미지로 존재했다. 결국 그리스의 찬란한 시각예술은 문자의 도입이 지체됐기 때문에 가능했던 셈이다.

'말'은 흔히 생각하듯이 가벼운 매체가 아니다. 육중한 기념비만큼이나 발화되는 시간과 장소에 묶이기 때문이다. 정보를 오랜 시간에 걸쳐 입에서 입으로 전달하기에 구술문화는 일반적으로 시간편향time bias을 갖는다. 하지만 그리스문화가 전적으로 구술에 의존했던 것은 아니다. 강력한 구술의 전통과 나란히 그들에게는 또한 문자가 있었다. 이 맥락에서 이니스는 플라톤이 대화체로 글을 썼다는 점을 강조한다. 대화체는 말을 글로 기록한 것이다. 거기서 말과 글은 하나가 된다. 이렇게 고전기 그리스에서는 말과 글이 절묘한 균형을 이루고 있었다는 것이다. '말'에 의존하는 한 그리스는 도시국가를 벗어날 수 없었다. 영토를 확장하려면 문서 통치가 필요하기 때문이다. 그리하여 세력을 확장하려 했을 때, 그리스는 구술정치에 근거한 직접민주주의를 버리고 문서통치에 기반한 제국으로 변모하게 된다. 이로써 그 사회는 새로이 공간편향space bias이 갖게 되고, 결국 이 새로운 편향으로 인해 몰락하게 된다.

그리스의 뒤를 이어 로마가 공화정에서 제정으로 변모하는 것 역시 이와 관련이 있다. 공화정은 구성원들의 토론으로 국사를 결정하는 민주적인 문화로, 폴리스와 같은 소규모 체제에서만 가능하지 거대한 제국을 통치하는 데에는 적합하지 않았다. 로마가 도시국가로 남아 있는 동안에는 민주적 토론을 통해 국사를 결정할 수 있었다. 하지만 로마는 세계 곳곳에 식민지를 거느린 제국이 되려 했고, 그 결과 공화정을 버리고 제정을 채택하게 된다. 제정에서는 모든 일이 황제의 명령에 따라 이루어졌고, 그의 명령은 문서를 통해 변방의 식민지로 전달되었다. 문서통치를 하려면 당연히 거기에 적합한 매체가 있어야 했다. 이 문제는 이집트인들로부터 파피루스를 넘겨받는 것으로 해결된다. 파피루스 덕에 로마인들은 세계제국을 건설할 수 있었다. 하지만 이 매체는 다시 공간편향을 갖기에 지속성을 유지하는 데에는 취약했다. 이 편향을 극복하고 제국에 시간적 영속성을 부여하기 위래 로마는 결국 기독교를 받아들이게 된다.

양피지와 인쇄술

로마가 기독교를 수용한 것은 이 원심력공간편향을 상쇄할 구심력시간편향을 확보하기 위해서였다. 로마의 몰락 이후 서구는 기독교 문명에 기초한 중세시대로 접어들게 된다. 서구의 중세문화는 공간적 확산 대신에 시간적 지속을 지향하는 문화였다. 중세에는 서로 고립된 장원들이 각자 자급자족 경제를 이루고 있었다. 장원 안에서 자급자족을 했기에 중세사회는 굳이 공간적 확산을 꾀할 필요가 없었다. 그 시절 정보를 기록하고 전달하는 데에는 양피지가 사용됐다. 양피지는 가벼워 공간 편향을 가질 것 같지만 실은 시간 편향적 매체였다. 일단 값이 너무 비쌌기에 복음서 중 하나를 필사하는 데에는 양 12마리의 가죽이 필요했다고 한다. 양피지로 만든 책은 결코 대중적으로 확산될 수가 없었다. 중세인들은 신성한 문서를 양피지에 적었고, 그렇게 만든 필사본은 신성한 지식으로 여겨져 수도원의 도서관에 고이 보관되었다. 중세는 강한 시간편향을 갖고 있었고, 결국 그 편향으로 인해 몰락하고 만다.

근대는 바야흐로 이른바 국민경제를 가진 국민국가가 형성되는 시기였다. 이제 공동체들은 상호 고립에서 벗어나 다른 나라와 서로 '국경'을 접하는 데까지 공간적으로 확장되어야 했다. 이 새로운 세계의 구축에는 강한 시간 편향을 지닌 양피지를 대체할 매체가 필요했다. 그 수요를 충족시켜 준 것이 바로 중국에서 도입된 종이였다. 종이는 값이 싸서 대량으로 생산되었고, 그 위에 글을 적는 데에는 '필사'가 아니라 '인쇄'의 기술이 사용됐다. 양피지에 필사된 정보와 종이에 인쇄된 정보는 성격이 다를 수밖에 없다. 내구성이 강한 양피지가 영원한 신적 진리를 담는 데에 적합하다면, 내구성이 없는 종이에는 세속적 일상을 담는 데에 적합하다. 인쇄술이 어떤 변화를 가져왔는지는 굳이 말할 필요 없을 것이다. 종교개혁 시기에 인쇄된 텍스트들은 교황청을 중심으로 한 중세적 사회질서를 붕괴시키는 데에 결정적 역할을 한다. 중세의 시간편향을 종식시킨 종이와 인쇄술에는 물론 또 다른 편향이 내재되어 있었다.

종이와 인쇄술을 이용한 근대의 세속적 커뮤니케이션은 신성한 지식을 양피지에 적어 영원히 보존하려 했던 중세의 문화를 무너뜨렸다. 권력은 교회에서 국가로, 지식은 종교에서 과학으로 넘어간다. 신성한 시간의 세계가 사라지고, 그 자리에 세속적 공간의 세계가 들어선다. 인쇄술은 곧 사회적 소통의 기계화mechanization를 의미한다. 기계화한 사회는 시간을 초·분·시 등 작은 단위로 분할하여 합리적으로 관리한다. 이때 시간은 파편화하고, 그로써 그것이 한때 가졌던 지속성과 영속성을 잃게 된다. 베냐민에 따르면, 원본이 유일성과 지속성을 갖는다면, 복제는 반복성과 일시성을 갖는다. 이렇게 모든 것이 지속성을 잃고 일시성을 가질 때, 사람들의 의식은 과거와 현재에 대한 관심을 잃고 오로지 현재에 집착하게 된다. 그 결과 문명의 존속에 필요한 영속성의 요소를 찾기 어렵게 된다. 즉 종이와 인쇄술을 사용하는 근대사회는 중세의 시간편향을 교정했지만, 그 대신에 새로이 공간편향을 갖게 된다.

전자구술문화

이니스는 근대의 서구문명이 위기를 맞았다고 보았다. 그것은 종이와 인쇄술에 잠재된 또 다른 편향이 20세기에 들어와 전면적으로 나타났기 때문이다. 이니스는 이 편향을 상쇄할 새로운 매체에 대해 언급한다. "종이와 인쇄산업으로 된 커뮤니케이션의 편향은 라디오의 편향에 의해 상쇄될 운명이었다."[14] 이렇게 그는 새로운 전자매체 속에서 인쇄매체의 편향을 견제할 가능성을 본다. 인쇄매체가 글을 시각적으로 전달한다면, 전자매체는 말을 청각적으로 전달한다. 글이 '공간 결속 매체'space binding media라면, 말은 '시간 결속 매체'time binding media다. 따라서 전자매체를 통해 새로 등장한 이 2차 구술문화가 인쇄매체가 낳은 현대의 극단적 공간편향을 상쇄해 줄 수 있다는 것이다. 실제로 이니스는 20세기 초 아주 짧은 기간 동안에 라디오 등장으로 서구문명에서 시간과 공간의 균형이 잠시나마 이루어졌다고 보았다. 하지만 그 짧은 균형은 대공황의 시기에 파괴되고 만다.

라디오라는 매체에 대한 이니스의 생각은 다소 혼란스럽다. 한편으로 라디오는 사라진 구술의 전통을 부활시켰다. 그것이 인쇄매체에 기초한 문자문화가 낳은 특정한 편향을 교정해 준다. 제국과 문서통치의 관계에서 보듯이 문자문화는 지식과 권력의 독점으로 이어지기 마련이다. 반면, 항상 대화의 상황을 전제하기에 말에는 민주적 소통의 여지가 존재한다. 이니스가 라디오의 등장으로 잠시나마 문자문화의 극단적 공간편향이 교정됐다고 말한 것은 이 때문이다. 하지만 라디오가 복원시킨 것은 음성일 뿐, 대화가 아니었다. 이니스는 전자매체가 외려 여론조작에 악용되기 매우 쉽다는 것을 알았다. 사실 라디오는 매우 중앙집권적인 일점송신의 매체다. 대공황 이후 나치 독일에서 라디오가 정치적 선전선동의 무기로 악용된 것은 결코 우연히 아니다. 대전 이후에도 이니스는 매스미디어의 공간편향이 계획경제와 관료주의라는 전체주의적 경향을 낳고 있으며, 그것이 현대사회가 직면한 새로운 위기라고 보았다.

이니스는 이 위기를 극복하려면 구술적 전통을 회복해야 한다고 주장했다. 하지만 대학들 사이의 비판적이고 반성적인 대화를 활성화하는 것 외에 뚜렷한 회복의 대안을 제시하지는 못했다. 구술문화에 대한 강조는 이니스를 통해 아예 캐나다 학파의 이론적 전통으로 자리를 잡는다. 캐나다 학파의 학자들은 전자매체가 낳은 새로운 구술문화 속에서 인쇄문화의 편향을 교정할 가능성을 본다는 공통점이 있다. 이니스가 제시한 생각의 단초들은 맥루언과 옹에게 받아들여져 새로운 이론으로 발전한다. '돌에 새겨진 내용보다 돌 자체가 중요하다.'는 생각에서 "미디어가 메시지"라는 맥루언의 명제까지는 그리 멀지 않다. '가벼운 매체/무거운 매체'라는 구별이 없었다면, '차가운 매체/뜨거운 매체'라는 맥루언의 구분도 없었을 것이다. 매체의 편향과 균형이라는 개념은 맥루언에게서 감각의 편향과 교정이라는 형태로 반복된다. 문자성에 대립되는 구술성에 대한 월터 옹의 관심도 이니스의 연구 없이는 가능하지 않았을 것이다.

03

미디어는 메시지다

마샬 맥루언
Mc Luhan

"차기 미디어가 무엇이건 간에 아마 의식의 연장일 것이다. 그것은 텔레비전을 환경이 아닌 내용으로 취하고, 또 텔레비전을 예술의 형태로 바꿀 것이다. 리서치와 커뮤니케이션 도구로서의 컴퓨터는 정보 검색을 촉진하고, 거대 도서관 조직을 구식으로 만들 것이며, 개인의 백과사전적 기능을 되살려 그 기능이 상품 형태의 맞춤 정보에 빠르게 연결되는 전용 채널이 되도록 할 것이다 –마셜 맥루언 1962."[15)]

이것이 50년 전의 예측이라는 것을 믿기란 어렵다. 여기서 "의식의 연장"이란 말에서 우리는 당장 '인공지능'을 떠올리게 된다. "텔레비전을 환경이 아닌 내용으로 취"할 것이라는 예측도 실현됐고, "텔레비전을 예술의 형태로 바꿀 것"이라는 전망 역시 백남준을 통해 현실이 됐다. 오늘날 컴퓨터는 미디어 '환경'이 되어 텔레비전을 여러 콘텐츠 중의 하나로 취하고 있다. "정보검색을 촉진"한다는 말은 '구글'로 실현되었고, 도서관은 이미 가상의 공간으로 옮겨졌으며, 개인별로 맞춤정보를 주는 시스템은 이미 전자 상거래의 일상이 되었다. 맥루언의 예언은 거의 실현되었다. 더러 빗나간 예측들도 있지만, 전자화폐의 등장 등, 그가 60년대에 그린 미래의 미디어 사회는 오늘날 우리가 사는 세계와 소름이 끼칠 정도로 닮았다. 오늘날 그의 이름이 커뮤니케이션 이론의 대명사로 통하는 것은 거의 '신통력'에 가까운 학적 예측의 정확성 때문일 것이다.

맥루언은 커뮤니케이션 이론가로 알려져 있으나, 원래 중세의 삼분과trivium: 논리학, 수사학, 변증술에 관한 논문으로 학위를 받은 영문학자였다. 그는 같은 대학에서 가르치던 이니스· 해블록의 이론적 영향 아래 커뮤니케이션의 문제에 관심을 갖게 된 후, 그들과 함께 이른바 미디어 이론의 '토론토 학파'를 이룬다. 그에게 세계적 명성을 안겨준 저서 《미디어의 이해》1964는 제목과는 반대로 연구자들 사이에서 '이해 불가능하다'ununderstandable는 평을 듣곤 한다. 분석에 모호한 인문학적 단상이 섞여 있는데다가, 서술 역시 우리에게 익숙한 선형적 전개와 달리 산만한 "모자이크적 구성"으로 되어 있기 때문이다.[16] 이는 구술문화의 특성으로, 구술적 전통의 열렬한 찬양자였던 이니스와 해블록를 통해 그에게 전해진 것으로 보인다. 이니스의 《제국과 커뮤니케이션》1950 역시 '모자이크적 구성'으로 인해 해독하기 어려운 텍스트로 악명이 높다.

여기에서는 맥루언의 사상에 세 측면에서 접근하려 한다. 첫째, 해롤드 이니스와의 영향관계. 이니스는 각 매체에는 저만의 편향이 있어 그것이 문명의 성격을 결정한다고 보았다. 먼저 이 모티브가 어떻게 고유한 변형을 거쳐 맥루언의 자신의 사상으로 결정화하는지 살펴볼 필요가 있다. 둘째, 발터 베냐민과의 비교. 두 사람의 이론은 여러 면에서 놀라울 정도로 유사하다. 베냐민이 미디어를 지각과 연결시켰듯이, 맥루언은 매체현상을 감각에 연관시키기 때문이다. 매체의 촉각적 효과를 강조하는 것 역시 둘의 공통점이다. 이 놀라운 유사성은 둘 사이의 간접적 영향을 짐작하게 할 정도다. 마지막으로 뒤에서 다룰 귄터 안더스와의 대비다. 맥루언이 미디어의 미래에 대해 비교적 낙관적이라면, 안더스는 전자매체가 가져올 미래에 대해 매우 비관적 전망을 내놓는다. 두 사람의 비교를 통해 미디어를 대하는 현존재의 두 가지 근본태도가 어떤 논리로 형성되는지 드러날 것이다.

미디어는 메시지다

"미디어는 메시지다." 맥루언의 이름을 들으면 기계적으로 연상되는 문장이다. 이는 미디어를 통해through 전달되는 정보보다 그 속에in 구현된 정보가 사회적으로 더 중요하다는 뜻이다. 이 유명한 문장은 물론 '매체 자체가 그 속에 담긴 내용보다 사회적으로 더 중요하다.'는 이니스의 주장을 짧게 압축한 것이다. 하지만 굳이 이니스의 영향이 아니더라도, 내용보다 형식이 더 중요하다는 생각은 20세기 문화예술계에 이미 널리 퍼져 있던 생각이었다. 이미 클리셰가 되다시피 한 이 모더니즘 미학의 명제를 영문학을 전공하는 맥루언이 몰랐을 리 없다. 일찍이 발터 베냐민 역시 언어에 관한 초기 논문에서 인간은 언어를 통해서through가 아니라 자신의 언어 안에서in 자신의 정신적 본질을 보고한다고 말한 바 있다.[17] 즉 인간의 고유한 본성은 언어를 통해 전달되는 내용이 아니라, 전달하는 언어 자체 속에 이미 구현되어 있다는 얘기다.

맥루언의 명제는 미디어에 대한 근대적 관념을 정면으로 반박한다. 미디어가 그저 도구에 불과하다는 생각을 '도구주의' instrumentalism라 부른다. 이는 우리의 일상적 경험과도 일치하는 소박한naive 생각이다. 예를 들어 쪽지에 필요한 물건을 적어 장을 본 후 그 쪽지를 버리는 상황을 생각해 보라. 다들 중요한 것은 쪽지에 적힌 내용이지, 쪽지 자체는 중요하지 않다고 할 것이다. 하지만 미디어는 그저 도구에 불과한 게 아니다. 전달의 도구가 전달의 내용 자체에까지 영향을 끼치기 때문이다. 가령 이니스에 따르면, 매체의 물리적 특성이 거기에 기록되는 정보의 성격을 규정한다. 즉, 돌에 새겨진 정보가 종교적·신학적 성격을 띤다면, 파피루스에 기록된 세속적·상업적 성격을 띤다. 또 맥루언에 따르면, 미디어는 우리 내부에서 감각기관들의 배합을 바꿔놓는다. 그리고 월터 옹에 따르면 미디어는 아예 인간의 의식을 재구조화한다. 미디어는 그저 도구가 아니다.

하지만 맥루언에게도 여전히 근대적 측면은 남아 있다. 가령 그의 주저 《미디어의 이해》1964는 '인간의 연장'이라는 부제를 달고 있다. 그에 따르면 미디어는 인간 신체의 연장이다. 즉 라디오는 귀의 연장, 텔레비전은 눈의 연장, 자동차는 다리의 연장, 크레인은 팔의 연장, 컴퓨터는 뇌의 연장이라는 것이다. 여기서 인간은 미디어의 주인으로 나타난다. 그는 프로이트가 말한 '보철신' Prothesengott으로, 미디어로 자신의 결함을 극복하고 자신의 신체적·정신적 가능성을 무한으로 확장시키려 하는 존재다.[18] 여기서 맥루언은 아직 근대의 인간중심주의 프레임에 머물러 있다는 사실이 드러난다. 사실 이 미디어의 '보철명제'Prothesenthese는 "미디어는 메시지"라는 명제와 잘 어울리지 않는다. 후자는 암암리에 인간이 도구의 주인이 아니라는 사실을 함축하기 때문이다. 참고로, 보드리야르에게는 미디어가 인간의 연장이 아니라, 거꾸로 인간이 미디어의 연장이다.

감각들의 평형과 조화

맥루언도 이니스를 따라 모든 매체에는 고유의 편향이 있다고 본다. 하지만 이니스와 달리 그 편향을 사회의 제도가 아니라 인간의 감각에 관련시킨다. 맥루언에 따르면, 새로운 미디어가 등장하면 그에 따라 인간이 가진 다섯 감각 사이의 배합이 바뀐다는 것이다. 누구나 알다시피 문자라는 매체는 정보전달을 청각적 현상에서 시각적 현상으로 바꾸어 놓는 경향이 있다. 특히 인쇄술은 아예 독서의 방식을 낭독에서 묵독으로 바꾸어 놓았다. 이른바 구텐베르크 은하, 즉 문자와 인쇄술의 문화는 이처럼 말을 듣는 귀를 글을 읽는 눈으로 대체함으로써 인간의 감각들 사이에 시각편향을 초래한다. 이 편향을 교정하는 역할을 맥루언은 새로이 등장한 전자매체들에서 기대했다. 즉 라디오와 텔레비전이라는 전자 구술매체가 시각중심의 구텐베르크적 질서를 뒤엎고 문자문화 이전의 공감각에 가까운 감각의 비율sense ratio을 회복시켜 주리라는 것이다.

이니스와 맥루언 모두 매체에는 편향이 있으며 그 편향은 극복되어야 한다고 말한다. 다만, 이니스가 그 편향을 주로 사회의 제도와 연관시킨다면, 맥루언은 그것의 효과를 감각의 배합에서 찾으려 한다. 그 결과 이니스의 이론이 철저히 사회학적이라면, 맥루언의 이론은 다분히 인문학적 성격을 띠게 된다. 어느 미디어 학자는 두 사람의 공통점과 차이점을 이렇게 요약한다.

> "맥루언과 이니스 모두 커뮤니케이션 기술의 중심성, 그리고 내용보다는 물리적 특질이 핵심적 요인이라고 가정하나, 테크놀로지에서 나오는 주요한 효과를 어디에서 찾느냐를 놓고 차이를 드러낸다. 이니스는 커뮤니케이션 기술이 주로 사회의 조직과 문화에 영향을 끼친다고 본다. 반면, 맥루언은 그것의 주요한 영향력이 주로 감각의 조직과 사유에 미친다고 본다. 맥루언은 주로 지각과 사유에 관해 말하고 제도에 관해서는 별 말이 없으나, 이니스는 주로 제도에 관해 말하는 대신에 지각에 대해선 별 말이 없다."[19]

미디어의 편향을 '감각'으로 연결시키는 사고는 실은 이니스가 아니라 멀리 벨라 발라스에게로 거슬러 올라간다. 이 영화이론가에 따르면, 책 인쇄의 기술은 "텍스트에 대한 감수성과 청각을 민감하게 만드는 대신에 눈과 시각을 둔감하게 만들었다." 그는 이렇게 문자문화가 시각편향이 아니라 외려 청각편향을 낳는다고 주장한다. 이는 아마도 그가 글을 읽는 것과 말을 듣는 것을 서로 동일시하기 때문으로 보인다. 발라스는 영화라는 시각매체가 인쇄문화가 초래한 이 청각편향을 바로 잡아 주리라 믿었다. 그가 토키 영화에 격렬히 반대한 것도 실은 이와 관련이 있다. 토키가 시각매체인 영화를 청각매체로 되돌림으로써 애써 부활시킨 감각의 균형을 다시 무너뜨릴 것을 우려했던 것이다. 발라스가 영화에서 기대했던 그 효과를, 맥루언은 전자매체에서 기대한다. 즉 라디오와 텔레비전이 문자문화의 시각편향을 상쇄함으로써 오감의 평형을 부활시켜 준다는 것이다.

이니스는 미디어는 저마다 고유의 '편향'을 갖는다고 말했다. 발라스는 미디어의 편향을 인간의 '감각'과 연결시켰다. 그 뒤를 이어 맥루언은 전자매체가 문자문화에서 일어난 감각의 편향을 교정하여 오감의 '조화'를 가져다준다고 말한다. 미디어가 지각을 발달시킨다는 베냐민의 명제가 지성적intellectual이라면, 그것이 감각의 조화를 가져온다는 맥루언의 명제는 감성적aesthetic이다. 한편, '감각들 사이의 조화'라는 맥루언의 생각은 멀리 그가 존경했던 토마스 아퀴나스에게로 거슬러 올라간다. 이 중세의 신학자는 아리스토텔레스를 따라 '의식'을 '공통감각'common sense이라 부르며, 그것을 '모든 감각 가능한 특질들을 서로 연관시키는 힘'으로 규정한 바 있다. 즉, 의식이란 오감을 통해 들어온 여러 감각자료들을 하나의 이미지로 종합하는 힘이라는 것이다. 아퀴나스에 따르면 사물을 제대로 인지하기 위해서는 공통감각 아래 오감을 고루 사용해야 한다.[20)]

미디어는 마사지다

홍미롭게도 맥루언은 다섯 감각이 조화롭게 사용되는 상태를 '촉각성'tactility으로 규정한다. 이 생각 역시 멀리 아퀴나스와 아리스토텔레스에게 물려받은 것이다. 아리스토텔레스에 따르면, 촉각은 별도의 기관 없이 신체 전체를 매체로 사용한다. 그는 촉각이 모든 감각의 토대이며, 그것 없이는 다른 감각들도 불가능하다고 보았다. 이어서 아퀴나스는 우리의 다섯 감각은 모두 이 근원적 감각, 즉 촉각에서 분화되어 나왔다고 말했다. 맥루언은 자신이 추구하는 '모든 감각의 합주interplay'를 '촉각성'의 상태로 규정한다. 여기서 말하는 '촉각성'은, '시각·청각·후각·미각'과 같은 특수한 감각으로서 촉각이 아니라 그런 것은 '촉각적' tactile 이라기보다는 '촉지적' haptic이라 불려야 할 것이다, 아래에서 모든 감각의 토대를 이루며, 위에서 그것들을 다시 통합하는 상위의 감각을 말한다. 맥루언은 전자매체가 잃어버린 이 촉각성을 부활시켜 주리라 믿었다.

이는 복제기술이 현대인의 지각을 촉각적인 것으로 바꾸어 준다는 베냐민의 명제를 연상시킨다. 베냐민 역시 '촉각'을 다섯 감각 중의 하나가 아니라 여러 감각기관을 통해 들어온 정보들을 종합하여 처리하는 '통각'으로 이해하기 때문이다. 하지만 둘 사이에는 또한 중요한 차이가 있다. 베냐민에게 '촉각'은 신체 전체를 사용하는 분산적 지각, 즉 인간의 신체가 산업혁명 이후의 기계적 속도에 적응하는 방식이었다. 그에게 촉각성이란 곧 '모더니티'를 의미했다. 반면, 맥루언의 '촉각성'은 외려 인쇄문화 이전의 구술문화와 관계가 있다. 인쇄술이 이전에는 사람들이 소통에 오감을 고루 사용해, 상대의 음성을 듣고, 상대의 얼굴을 보고, 상대와 신체적 접촉을 했다. 맥루언에게 촉각성은 이 '모던 이전'의 지각이 '모던'의 시각편향을 상쇄하며 복귀하는 것을 의미한다. 구술성에 대한 이 집착은 물론 그가 믿었던 가톨릭의 전통, 즉 교회의 낭송문화에 대한 향수와 관련이 있을 것이다.

맥루언에게는 이와는 다소 결이 다른 의미의 '촉각성' 개념도 존재한다. 촉각적 지각을 신체의 충격방어 기제로 보았던 베냐민을 생각해 보라. 가령 그의 저서 《미디어는 마사지다》1967는 텍스트와 그래픽의 다소 혼란스러운 교차편집으로 전자매체가 현대인의 신체에 무차별적으로 가하는 효과를 표현한다. 여기서 미디어의 효과는 무엇보다도 촉각적 충격으로 나타난다. "온갖 미디어가 우리를 철저히 두드린다. 미디어가 초래하는 개인적, 정치적, 경제적, 미학적, 심리학적, 도덕적, 윤리적, 사회적 결과는 너무나 압도적이어서, 우리의 그 어떤 부분도 접촉되지 않고, 영향 받지 않고, 변경되지 않은 채로 남겨두지 않는다."[21] 원래 '미디어는 마사지'라는 제목은 식자공의 단순한 실수였다고 한다. 오타를 본 맥루언이 외려 "핵심을 제대로 찔렀다!"고 외쳤다고 한다. 식자공의 우연한 실수가 미디어의 충격효과를 표현하는 적절한 시각적 은유를 제공한 셈이다.

쿨미디어와 핫미디어

이니스의 미디어가 무게로 구분된다면, 맥루언의 미디어는 온도로 구분된다. 맥루언은 '정세도'definition에 따라 미디어를 핫미디어hot media와 쿨미디어cool media로 나눈다. 이 구분에 따르면, 영화는 핫미디어이고, 텔레비전은 쿨미디어다. 영화가 텔레비전보다 정세도가 높기 때문이다. 텔레비전 영상은 영화에 비해 해상도가 현저히 떨어진다. 주사선이 쏘아내는 망점들로 이루어진 일종의 모자이크이기 때문이다. 이미 고해상HD의 텔레비전에 익숙한 우리에게는 그의 말이 이상하게 들리나, 맥루언이 저 얘기를 하던 60년대만 해도 텔레비전 영상은 아직 흔들리고 중첩되는 흑백의 흐릿한 화면이었다. 이 대비를 물론 다른 매체에서도 볼 수 있다. 가령 세부까지 세세히 보여주는 사진이 핫미디어라면, 대상의 가장 중요한 특징만 거칠게 보여주는 만화는 쿨미디어다. 또 음질이 좋은 라디오가 핫미디어라면, 그보다 음질이 떨어지는 전화는 쿨미디어다.

'정세도'와 함께 미디어를 분류하는 데에 쓰이는 또 다른 기준은 바로 '참여도'participation다. 맥루언에 따르면, 정세도와 참여도는 서로 반비례한다. 다시 말해, 정세도가 높을수록 참여도는 낮아지고, 정세도가 낮을수록 참여도는 높아진다. 정세도가 높은 영상은 거의 완성된 형태이기에, 그것의 의미를 읽어내는 데에 굳이 수용자의 특별한 노력이 요구되지 않는다. 반면, 정세도가 떨어지는 영상의 경우 그것의 의미를 해독하는 데에 시청자의 적극적 참여가 필요하다. 예를 들어 영화의 영상은 거의 완성된 형태로 관객의 눈 속에 들어오기에 그것을 인지하는 데에 수용자 측의 역할을 요구하지 않는다. 반면, 텔레비전 영상은 저해상의 모자이크에 가깝다. 마치 점묘파의 그림을 감상할 때처럼 시청자는 초당 300만개씩 쏘아지는 망점들 중 몇 십 개만 받아들여 상을 구성해내야 한다. 이는 북두칠성의 별들을 이어 마음속으로 국자를 그리는 과정과 비슷하다.

쿨미디어로서 텔레비전에 관한 맥루언의 언급은, 몽타주로서 영화에 관한 베냐민의 언급을 연상시킨다. 베냐민에 따르면, 연극의 수용은 수동적이다. 즉, 연극의 상황은 완성된 채로 주어지기에 관객은 그 서사에 넋을 읽고 몰입한다. 반면, 영화의 수용은 적극적이다. 영화의 수용자는 단편적 쇼트들을 종합하여 능동적으로 서사를 구성하기 때문이다. 베냐민은 이 능동적 지각이 인간의 인지능력을 발달시켜 준다고 보았다. 한 마디로, 그에게 영화는 '쿨미디어'인 셈이다. 반면, 맥루언은 영화를 '핫미디어'로 분류했다. 베냐민이 영화를 연극과 대비시켜 '몽타주'의 속성을 강조했다면, 맥루언은 텔레비전과의 대비 속에서 영화의 본질을 화면의 '정세도'에서 찾았기 때문이다. 한편, 맥루언에게 '쿨'이라는 말은 '냉정함', '공평함'detached을 의미한다. 베냐민은 영화의 관객이 인격의 아우라에 휘말리지 않고 배우의 연기를 냉정하게 판단하는 '검사자'라고 말한 바 있다.

대중, 창조적 참여의 힘

맥루언이 말하는 '참여'란 주로 영상을 지각하는 데에 드는 인지적 노력을 가리킨다. 하지만 '참여'라는 말을 이와는 좀 다른 의미로 사용할 수도 있을 것이다. 베냐민은 영화라는 매체가 대중의 비판적 의식과 정치적 참여를 촉진한다고 보았다. 베냐민이 복제매체에서 기대한 그것을, 맥루언은 전자매체인 텔레비전에서 기대한다. 오늘날 우리에게는 텔레비전이 정치적 참여의식을 높인다는 말이 선뜻 이해가 되지 않을 것이다. 오늘날 '텔레비전'은 오락 수단으로 전락했기 때문이다. 하지만 초기 텔레비전의 대표적 프로는 정치토크였다고 한다. 실제로 그 시절 미국에서는 텔레비전이 이미 거대한 정치적 영향력을 발휘하고 있었다. "새로운 형태의 정치가 나타나나고 있다. 그것도 우리가 이제까지 알지 못했던 방식으로. 거실은 투표소가 되었다. 텔레비전을 통해 평화행진, 전쟁, 혁명, 오염, 그리고 그 밖의 사건들에 참여하는 것이 모든 것을 바꾸어 놓고 있다."[22]

베냐민에 따르면, 영화는 부르주아 사회의 흩어진 개인들을 영화관으로 불러 모아 비판평의 집단적 주체로 결집시킨다. 그는 이 새로운 매체의 '수용자'가 새로운 유형의 정치적 주체라고 보았다. 흥미롭게도 맥루언 역시 텔레비전의 수용자를 정치의 새로운 '주체'로 제시한다. "서로 분리된 개별적 관점들의 거대한 합의라는 의미에서 공중the public의 시대는 끝났다. 오늘날에는 공중의 후계자인 대중mass audience이 창조적이며 참여적인 힘으로 사용될 수 있다." 이 새로운 정치적 주체에 관한 맥루언의 견해는 실은 그리 뚜렷하지 않다. 여기저기 흩어진 그의 언급들로 미루어 보건대, 그는 쿨미디어로서 텔레비전이 그 높은 참여도로써 대중의 의식과 정치적 참여에 대한 욕망을 강화하여 민주주의를 발전시킨다고 보았던 것 같다. 텔레비전의 구술적 특성이 대의제 민주주의에 결여되어 있던 직접 민주주의적 요소를 강화시킨다고 믿었기 때문이다.

맥루언이 텔레비전의 밝은 면을 본다면, 귄터 안더스는 맥루언이 굳이 보려고 하지 않았던 텔레비전의 부정성에 주목한다. 맥루언은 텔레비전이 잃어버린 감각의 비율을 회복시켜 인쇄문화의 시각 편형을 교정하며, 쿨미디어로서 영상의 인식에 수용자의 적극적 참여를 촉진한다고 보았다. 같은 텔레비전을 놓고 안더스는 맥루언과 전혀 다른 견해를 제시한다. 텔레비전의 시청자는 매우 수동적인 존재로, 프로듀서가 편집한 영상을 그저 받아먹기만 한다는 것이다. 안더스에 따르면, 텔레비전은 완성된 영상을 시청자의 입에 떠 넣어 줌으로써 그들을 '정신적 구강기로 퇴행시킨다. 다른 한편, 맥루언은 텔레비전이 사적 개인을 공적 정치에 참여시킨다고 주장했지만, 안더스는 그것이 정치적인 것의 종언을 가져올 것이라고 예언한다. 텔레비전은 공적 사안res publica을 내밀한 가정으로 들여보내 그것을 사적 사안res privata으로, 즉 오락거리로 해소시킨다는 것이다.

지구촌

맥루언은 거의 헤겔의 역사철학을 연상시키는 목적론적 역사관을 갖고 있다. 헤겔의 역사가 정正-반反-합合의 변증법적 논리로 전개된다면, 맥루언은 인류사회가 구술문화에서 문자문화를 거쳐 전자매체에 기초한 제2차 구술문화로 발전한다고 본다. 물론 이에 따라 인간의 사회구조도 부족화에서 탈脫부족화를 거쳐 재再부족화하는 방향으로 전개된다. 맥루언에 따르면, 먼저 인간들은 부족의 성원으로서 조그만 촌락 안에서 서로 접촉하며 살아간다. 그러다가 인쇄술이 등장하면, 사람들은 부족에서 익명의 개인들로 풀려나 거대한 도시에서 미디어를 통해 타인과 세계를 접촉하며 살아가게 된다. 하지만 전자매체가 등장하면서 역사적으로 선행한 두 유형의 사회는 새로이 하나로 종합된다. 그것이 바로 세계적 규모의 촌락, 맥루언이 말하는 '지구촌'global village다.

> "문자이후 인간의 전자매체는 세계를 하나의 촌락, 하나의 부족으로 축소시킨다. 그 세계에서는 모든 사건이 모든 사람에게 동시에 발생한다. 모든 사람이 발생하는 모든 사건을 그것이 발생하는 그 순간에 동시에 알게 되고, 그 결과 그 모든 사건에 참가하게 된다. 텔레비전은 이 지구촌의 사건에 동시성을 준다. 한 마을, 한 부족에 속한 듯 경험을 동시적으로 공유하다 보니 촌락이나 부족과 같은 외관이 생겨난다."[23]

과거의 구술문화는 기껏해야 촌락고대에는 폴리스의 규모로 존재했다. 하지만 음성이 일단 전자매체에 실리면 그것은 실시간으로 전송된다. 그 결과 공간적으로 멀리 떨어져 있어도 서로 목소리를 들을 수 있는 촌락공동체가 전 지구적 규모로 형성되기에 이른다. 오늘날 인터넷은 맥루언이 말한 지구촌의 디지털 버전이라 할 수 있다. 맥루언은 전자매체가 만들어낸 이 새로운 촌락공동체에 대해 거의 유토피아적 기대감을 갖고 있었다. 이 새로운 공동체 안에서 모든 인간은 한때 잃었던 감각비율을 되찾고, 모든 감각을 이용해 타인과 전인적으로 교류하게 된다. 이 새로운 구술문화에서는 인쇄문화의 이성과 구술문화의 감성이 서로 편향을 상쇄하며 공존할 것이다. 구술문화에 대한 맥루언의 집착과 선호는 물론 낭송에 기초한 과거 가톨릭 공동체에 대한 향수와 관련이 있다. 그는 전자매체가 자신이 이상향을 전 지구적 규모로 실현해 주리라 기대한 것으로 보인다.

맥루언이 생각한 지구촌은 명백히 유토피아적 성격을 띤다. 같은 텔레비전을 놓고 권터 안더스는 완전히 다른 미래상을 그린다. 그가 예감하는 텔레비전의 미래는 끔찍한 디스토피아의 비전과 연결되어 있다. 그는 '실시간'synchron이라는 전자매체의 특성도 맥루언과는 다르게 해석한다. 텔레비전을 통해 사건이 실시간으로 중계될 때, 현실과 가상 사이의 시간차가 사라지고 영상은 '팬텀' Phantom, 즉 가상도 아니고 그렇다고 현실도 아닌 제3의 존재가 된다. 가상과 현실의 경계가 흐려지면, 가상이 곧 현실로 수용되면서 사람들은 남의 보도를 자신의 세계로 알고 살아가게 된다. 한마디로 '매트릭스'Matraze의 주민이 되는 셈이다. 안더스가 예감한 텔레비전의 미래는 영화 <매트릭스>나 <트루먼 쇼>에서 볼 수 있는, 거대한 가상현실의 디스토피아였다. 이는 우리를 미디어의 실체에 관한 근본적 물음으로 이끈다. 미디어로 지은 세계는 유토피아인가, 아니면 디스토피아인가?

04

구술문화와 문자문화

월터 옹
Walter Ong

맥루언이 말한 구술성의 조건을 만족시켜주는 것은 텔레비전이 아니라 외려 인터넷이다. 사실 라디오와 텔레비전은 일방적 송출의 매체로, 거기에는 이니스의 우려처럼 정보나 권력의 독점과 여론조작의 위험성이 내재되어 있다. 구술적 소통의 대화적 성격을 기술적으로 보장해 주는 것은 차라리 쌍방향 소통을 보장하는 인터넷이다. '디지털'이라고 하면 흔히 영상매체를 떠올리나, 정작 우리의 삶에 결정적 영향을 끼치는 것은 디지털 매체의 구술성인지도 모른다. 캐나다 학파에 따르면, 사회는 구술성에서 문자성으로, 거기서 전자매체에 기초한 새로운 구술성으로 이행하게 된다. 이는 문자에 토대를 둔 2차 구술성으로, 문자이전의 1차 구술성과는 성격이 다르다. 따라서 디지털의 문화를 제대로 이해하려면, 1, 2차 구술성의 특성을 알아야 할 것이다. 이때 빠뜨릴 수 없는 텍스트가 바로 월터 옹의 《구술문화와 문자문화》1982다.

문자문학과 구술문학

맥루언처럼 월터 옹도 영문학 연구자였다. 구술문화에 대한 그의 각별한 관심과 기대는 스승인 맥루언, 그리고 무엇보다도 고대 그리스 문학의 연구자인 해블록에게서 영향을 받은 것으로 보인다. 옹의 미디어 이론은 구술문화의 고유성에 대한 인식에서 출발한다. 오랫동안 문학에서는 구술문학이 그저 글로 적히지 않았을 뿐 문자문학과 다르지 않다고 여겨졌다. 하지만 구술문학이 애초부터 문자문학과는 전혀 다른 원리로 구축된다는 사실이 분명해지면서, 문자문학에 토대를 두었던 기존의 문학연구는 기로에 서게 된다. 구술문학이 그저 문자문학의 열등한 변종이 아니라 문자문학과 대등한 또 다른 유형의 문학이라면, 문자문학 위주로 형성된 문학의 관념 자체를 수정해야 하기 때문이다. 그 수정을 통해 얻어질 문학에 대한 '온전한' 관념은 물론 이제까지 무시됐던 나머지 절반, 즉 구술문학의 연구를 통해서 가능할 것이다.

옹의 연구는 크게 세 단계로 이루어진다. 연구의 첫 단계는 우선 문자문학과 구술문학의 차이를 명확히 드러내는 것이다. 옹은 구술문학과 문자문학의 비교·분석을 통해 문자적 언술과 구별되는 구술적 언술의 고유한 특성들을 아래와 같이 아홉 가지로 요약한다.

- '종속적이라기보다는 첨가적이다.' 구술문화에서 문장은 논리적 인과관계에 따라 조직되기보다는, 'and'를 이용해

단순히 첨가되는 경향이 있다. 예를 들어 구약성서 《창세기》의 원문은 'and'를 문장들이 단순 병렬되어 있으나, 문자문화 이후에는 'and'가 'when'이나 'while', 'for' 등 적절한 접속사로 바뀌어 번역된다. 중문이 주절과 종속절의 논리적 위계를 가진 복문으로 바뀌는 셈이다. 구술문화의 텍스트가 그때그때 화용론적으로 조립된다면, 문자문화의 그것은 통사론적으로 조직된다. 따라서 전자보다 훨씬 분석적·추론적이다.

- '분석적이기보다는 집합적이다.' 구술문화는 표준화된 정형구를 선호한다. 하나의 낱말을 선택하면 자동으로 그와 연관된 다른 낱말들까지 함께 도입되는 것이다. 그런 문화에서 '공주'는 늘 '아름다운 공주'로, '왕자'는 늘 '잘생긴 왕자'로, '병사'는 늘 '용맹한 병사'로, 그리고 '참나무'는 늘 '단단한 참나무'로 표기된다. 문자적 언술에서라면 낱말과 수식구가 각각 따로 사용될 것이다. 옹에 따르면, 공산주의 국가에서 지도자의 이름 앞에 상투적으로 길게 붙이는 수식어들은 그 사회에 집요하게 남아 있는 구술문화의 흔적이라고 한다.
- '장황하고 다변적이다.' 구술적 발화는 말하는 순간 사라지기 때문에 자연히 장황한 특징을 갖는다. 정보전달에는 적절한 양의 잉여성redundancy이 필요하기 때문이다. 가령 한번 놓친 글은 다시 돌아와 읽을 수 있지만, 한번 놓친 말

은 다시 들을 수가 없다. 때문에 말을 할 때 우리는 같은 얘기를 적절히 반복해주곤 한다. 다른 한편, 글은 시간을 두고 생각하며 쓸 수 있지만 말은 실시간으로 해야 한다. 다음에 할 말을 끌어내는 데에 필요한 시간을 확보하려면 당연히 했던 말을 반복하며 말을 길게 늘릴 수밖에 없다.

▸ '보수적이고 전통적이다.' 문자로 기록된 정보는 지속성을 갖지만, 구술문화의 정보는 소리 내어 반복되지 않으면 바로 사라져 버린다. 구술문화에서 공동체가 축적한 지적인 경험들은 구전을 통해 후대로 전달된다. 정보전달에 관점에서 구전은 인정성이 떨어진다. 전달되는 정보의 동일성을 유지하려면, 전승된 것을 아무 변경 없이 그대로 다시 전달해야 한다. 때문에 그런 문화는 매우 전통적이고 보수적일 수밖에 없다. 정보를 말로 전달하는 사회에서는 가장 많은 기억을 가진 자, 즉 노인들이 사회적으로 높이 존중된다.

▸ '생활세계에 밀착되어 있다.' 쓰기는 대개 직접적인 삶의 경험과는 거리를 둔 채로 이루어진다. 그것은 경험들로부터 추상을 통해 얻어낸 지식을 기록하는 행위이기 때문이다. 반면 말하기는 늘 일상생활의 구체적인 맥락 속에서 이루어진다. 따라서 구술을 통해 전달되는 정보는 대부분 생활세계와 밀착된 내용이기 쉽다. 나아가 구술문화는 생활세계의 실용적 맥락이나 평가적 맥락에서 독립한 중립적 통계를 알지 못한다.

- '논쟁적인 어조가 강하다.' 글쓰기는 인식하는 주체를 인식되는 객체로부터 떼어놓는다. 반면 구술성은 지식을 인간 생활세계에 파묻힌 채로 놓아둔다. 그로써 지식은 언제나 말싸움의 상황 속에 놓이게 된다. 여기서 대화는 상호협력으로 문제를 함께 해결하는 게 아니라, 뛰어난 말솜씨로 상대를 굴복시키는 행위로 여겨진다. 구술문화에서 특히 속담이나 수수께끼가 자주 사용되는 것은, 대화와 논쟁이 상대와 지적 대결을 하는 것으로 간주되기 때문이다.
- '감정이입적이며 참여적이다.' 쓰기에서는 알리는 사람과 알려지는 사람이 분리된다. 가령 월터 옹에 관해 이 글을 쓰는 필자는 옹과 분리되어 있고, 독자들 역시 그렇게 느낄 것이다. 반면 구술문화에서는 연행자와 연행되는 대상이 하나가 된다. 시인은 마치 자신이 아킬레우스나 오딧세우스의 '혼'과 하나가 된 것처럼 느끼고, 영매처럼 종종 1인칭을 사용한다. 듣는 이들도 마찬가지여서, 연행의 현장에서 그들은 가수와 하나의 '혼'을 공유하게 된다.
- '항상성이 있다.' 구술사회는 현재와 관련이 없어진 기억을 버림으로써 항상성을 유지한다. 예를 들어 아프리카의 한 부족에는 왕가를 찬양하는 노래가 구술로 전승되고 있었다. 어느 해엔가 불행한 정변이 일어났고, 변화한 상황에 맞추어 찬가도 바뀌었지만, 부족민들은 자신들은 정변의 전이나 후에나 변함없이 같은 노래를 불렀다고 주장했

다. 문자로 기록됐다면 노래 달라진 것을 금방 알 수 있을 터이나, 구술로 전승되는 한, 노래가 변했어도 그것을 입증할 길이 없다. 구술문화는 이처럼 "구조적 기억상실"을 통해 항상성을 유지한다.

- '상황 의존적이다.' 구술문화에서는 개념들이 대개 상황 의존적으로 사용되며, 생활세계에 밀착되어 있어 추상의 매우 낮다. 여기서 개념은 추상적 정의가 아니라, 구체적인 맥락 속에서 그것의 용례를 통해서 이해된다. 예를 들어 '자동차'가 무엇이냐는 물음에 문자문화에 속한 사람들은 '원동기를 사용하여 궤도 또는 가선(架線)에 의하지 아니하고 운전되는 차'라는 정의를 제시할 것이다. 반면, 구술문화의 사람들은 정의를 내리는 대신에 자동차의 종류를 나열하거나, 혹은 '직접 타보면 알 게 될 것'이라고 대답하곤 한다.[24)]

쓰기는 의식을 재구조화한다

연구의 두 번째 단계는 구술문화에서 문자문화로의 이행이 인간의 의식에 일으킨 변화를 추적하는 것이다. 사실 문자문학과 구술문학의 구성원리가 서로 다르다는 것은 오래 전부터 알려져 있었다. 예를 들어 아리스토텔레스는 《시학》에서 글로 쓰는 극시가 유기적 구성을 갖는 반면, 입으로 구전되는 서사시는 삽화적 구성을 갖는다고 말했다. 여기서 그는 시인들에게 극시를 쓸 때

삽화적 구성을 피하라고 권한다. 이는 그리스 사회가 이미 구술문화에서 문자문화로 변모했음을 암시한다. 옹은 해블록의 연구를 통해 이 변화가 갖는 의미를 알고 있었을 것이다. 해블록은 구술성에서 문자성으로 넘어갈 때 그리스인들의 의식구조에 커다란 변화가 일어났다고 말한다. 그리스 문화가 구술성에서 문자성으로 이행하면서 "구술적으로 암송되던 전통이 상이한 훈련 및 교육 시스템으로 대체되고, 호메로스의 정신상태가 플라톤의 정신상태에 자리를 물려주게 되었다."[25]는 것이다.

여기서 "정신상태"라는 말에 주목하자. 거기서 "호메로스의 정신상태"는 곧 시적·형상적 사유를, 그리고 "플라톤의 정신상태"는 물론 철학적·논증적 사유를 의미한다. 결국 해블록의 주장은 정보전달에 사용하는 매체의 변화가 사고방식 자체의 변화를 낳는다는 것으로 요약될 수 있다. 해블록의 주장에서 "글쓰기는 의식을 재구조화한다."는 월터 옹의 유명한 명제까지는 반걸음에 불과하다. 그 말로써 월터 옹이 강조하려는 것은 분명하다. 어느 사회든 역사의 어느 시점에선가는 구술문화에서 문자문화로 이행하기 마련이다. 하지만 '말하기'에서 '글쓰기'로 넘어가는 것이 그저 소통수단의 교체에 불과한 것은 아니다. 옹에 따르면 새로운 매체는 "인간의 의식을 재구조화"한다. 한 마디로 글을 쓰느냐, 안 쓰느냐에 따라 사람의 의식구조가 판이하게 달라진다는 것이다.

옹은 구술문화에서 문자문화로 이행하는 과정에서 인간의 감각이 청각 위주에서 시각 위주로 변한다고 말한다. 문자가 등장한 이후에도 글쓰기 여전히 청각적 구조와 결합되어 있었다. 초기의 필사문화에서 글쓰기는 무엇보다 낭송을 위한 것이었고, 그 때문에 문체 속에 말하기 구조를 통합시키고 있었다. 한 마디로 글쓰기마저 말하기 속에 종속되어 있었던 셈이다. 하지만 인쇄문화가 시작되면서 상황은 알라진다. 이제 글쓰기는 청각과 결정적으로 결별하고, 본격적으로 시각적으로 조직되기 시작한다. 책이 귀했을 때는 사람들이 모여 낭독을 하곤 했다. 하지만 책이 흔해지면서 책은 이제 혼자 읽는 것이 된다. 낭독이 묵독으로 변하는 것이다. 낭독을 할 때와 달리 묵독을 할 때 청각은 내면화한다. 그 결과 인간의 사유 역시 결정적으로 내면화된다. 그런 의미에서 그것은 감각의 변화를 넘어 동시에 의식의 변화이기도 했다. 매체는 의식을 새로이 구조화했다.

옹은 이를 입증하기 위해 여러 곳에서 수집된 사례들을 든다. 그 중에서 가장 인상적인 대목은 러시아 학자 루리아의 연구를 인용하는 부분이리라. 1917년 혁명 직후만 하더라도 러시아에는 아직 문자문화를 아예 접해보지도 못한 농촌 공동체들이 다수 남아 있었다고 한다. 루리아가 그런 마을 중 한 곳에 들어가 그곳에 사는 주민들을 필드워크를 했다. 그곳의 농민들과 가진 면접과 설문을 통해 얻어낸 연구의 결과는 대단히 흥미로웠다. 아직 구술문화 단계에 있는 농민들의 사고방식이 문자문화에 속하는 도시민들의 그것과는 주목할 만한 차이를 보였기 때문이다. 루리아의 연구는 우리가 너무나 당연하게 생각하는 능력들이 실은 '문자'

라는 매체의 사용의 결과라는 사실을 보여준다. 루리아는 문자적 의식과 구별되는 구술적 의식의 특징을 다음과 같이 요약한다.

- 구술문화의 의식은 '추상'의 능력이 떨어진다. 글자를 모르는 이들에게 기하학적 도형을 보여주면, '원'은 접시·물통·시계·보름달이라 부르고, '사각형'은 거울·집·살구 건조판 등으로 인식한다. 구술문화의 의식은 나아가 사물을 '범주'에 따라 분류하는 데에도 별 관심이 없다. 해머·톱·나무·손도끼 등을 보여주며 이들의 공통점이 무엇이냐고 물었을 때, 마을의 사람들은 '연장'이라는 개념을 떠올리지 못하고 대신 이렇게 대꾸했다고 한다. "톱은 나무를 썰고, 손도끼는 통나무를 가르죠. 굳이 내게 어느 한쪽을 버리라고 하면, 손도끼가 될까? 톱은 여러 일을 할 수 있으니까."
- 사물의 '정의'도 구술문화에는 낯설다. 정의를 묻는 물음은 아무리 구체적인 대상이라 하더라도 늘 저항에 부딪혔다. 예를 들어 '나무'가 무엇인지 말해달라는 요청에 그들은 이렇게 대꾸했다. "왜 그래야 하죠? 나무가 뭔지 다들 알잖아요. 굳이 그걸 설명해야 하나요?" 나무를 두 단어로 '정의'해보라고 하자, 그들은 이렇게 반응했다. "두 단어로요? 에, 사과나무·느릅나무·포플러나무가 되려나?" 차가 무엇인지 모르는 사람에게 차를 설명해 보라는 요청에는 이렇게 대꾸했다. "버스에는 다리가 네 개 있고, 앞쪽에 사

람이 앉기 위한 의자가 있고… 아니, 복잡하게 말할 것 없이 그냥 차를 타고서 드라이브를 해 보세요. 그러면 차가 뭔지 알게 될 테니까."

▶ 구술적 의식은 '추론'에 익숙하지 않다. 루리아는 마을 사람들에게 이렇게 물었다. "눈 내리는 북극지방의 곰은 털이 모두 흰색입니다. 노바야젬블라는 북극지방에 속하며, 거기에도 늘 눈이 내립니다. 그렇다면 그 지방에 사는 곰은 무슨 색깔을 갖고 있을까요?" 문자문화에서 자란 사람들은 이 물음이 삼단논법으로 되어 있어, 따로 생각할 필요 없이 대전제와 소전제에서 대답이 저절로 나온다고 본다. 하지만 구술문화에 사는 사람들은 이 물음을 당혹스러워했다. "글쎄요, 잘 모르겠는데요. 까만 곰이라면 본 일이 있습니다만, 다른 색깔의 곰은 본 적이 없거든요. 어디든 그 땅에만 사는 생물이 있는 법이지요."

▶ 구술문화의 의식은 '반성'의 능력과 거리가 멀다. 우즈베키스탄의 농민들은 말로써 자신을 객관화하는 데에 어려움을 느꼈다. "당신은 어떤 사람입니까?"라는 질문에 그들은 자기 인격의 특성을 기술하는 대신 신상에 관한 얘기를 늘어놓곤 했다. "나는 우츠그루간 출신이죠. 무척 가난했고 지금은 결혼해서 자식도 있어요." 질문에 신경질적으로 반응하는 이도 있었다. "우리는 똑바로 하고 있어요. 우리가 나쁜 놈들이라면 아무도 우리들을 존중해 주지 않겠죠."

> 그런가 하면 대답을 다른 이에게 돌리는 이도 있었다. "그런 건 딴 사람에게 물어보세요. 그들이라면 나에 관해 당신에게 여러 가지로 말해줄 테니까요."[26]

구체적 사물들로부터 '추상'을 하고, 그것들을 '범주'로 묶어 '분류'하고, 같은 범주로 분류된 사물들에 '정의'를 내리며, 형식 논리에 따라 명제와 명제의 결합을 통해 다른 명제를 '추론'하며, 타인들 앞에 자기를 객관화하여 스스로 성찰하는 '반성'의 능력. 이는 구술문화에는 철저히 낯선 것이다. 그것들은 모두 문자문화를 통해 재구조화한 의식의 특성이기 때문이다. 더 정확히 말하자면, 추상과 추론과 반성의 능력은 인쇄문화의 산물인 합리주의·이성주의적 사유의 특성일 뿐이다. '이성'은 합리주의 철학자들이 주장하듯이 인간이 갖고 태어나는 자연적 능력이 아니다. 그것은 '문자'라는 매체의 사용에 의해 후천적으로 발생한 효과에 불과하다.

공동체의 부활

연구의 세 번째이자 마지막 단계는 전자매체 시대의 새로운 구술성에 관한 이론이다. 캐나다 학파의 다른 학자들처럼 옹 역시 인쇄매체와 더불어 역사의 뒤안길로 사라졌던 구술성이 전자매체와 더불어 복귀한다고 보았다. 이 '문자이후의 구술성'은 물론 문자이전의 구술성과는 차원이 다른 것이다. 옹은 이 새로운 구술성을 다음과 같이 규정한다.

> "전화, 라디오, 텔레비전, 다양한 음향기록기계와 더불어 전자기술은 우리를 '제2차 구술성'의 시대로 데려왔다. 이 새로운 구술성은, 참여의 신비, 공동체 감각의 촉진, 현재 순간에 집중, 공식의 사용이라는 측면에서 과거의 구술성과 놀라운 유사성을 갖고 있다. 하지만 그것은 항상적으로 쓰기와 인쇄에 뿌리를 둔, 본질적으로 더 정교하고 자의식을 갖춘 구술성이다."[27)]

2차 구술성은 문자와 문자문화의 존재를 전제한다. 가령 텔레비전의 앵커가 전하는 뉴스는 소리의 형태로 전달되나, 실은 글자로 쓰인 것이다. 분석적·이성적인 문자문화를 바탕으로 한 것이기에 2차 구술성은 1차 구술성과는 달리 "첨가적이거나, 장황하거나, 논쟁적이지 않고, 연사와 청중 사이의 강렬한 상호작용도 없다." 여기서 주의해야 할 점은, 옹이 말하는 제2차 구술성은 이른바 '구술적 잔재'oral residue와는 다르다는 것이다. '구술적 잔재'란 구술문화에서 문자문화로 이행하는 시기에 아직 완전히 사라지지 않고 남아 있는 구술성의 요소를 가리킨다.[28)] 따라서 그것이 본질적으로 문자시대에 남아있는 '문자이전'의 잔재라면, 2차 구술성은 어디까지나 '문자이후'의 현상이다. 옹은 1차 구술성과 2차 구술성의 관계를 닮음과 다름이 공존하는 모순적 관계로 본다.

> 2차 구술성은 1차 구술성과 놀라울 정도로 닮았으면서도 놀라울 정도로 다르다. 1차 구술성처럼 2차 구술성도 강한 집단적 소속감을 만들어냈다. 왜냐하면 발화된 말을 듣는 것은 듣는 이들을 집단으로, 진정한 청중으로 만들어주기 때문이다. 그것은 쓰거나 인쇄한 텍스트를 읽는 것이 개인들을 각자 그 자신으로 만들어주는 것과 마찬가지다. 하지만 2차 구술성은 일차 구술문화의 그것보다 측량할 수 없을 정도로 더 큰 집단적 소속감을, 즉 맥루언이 말한 '지구촌'을 만들어낸다.[29)]

글쓰기는 말을 발화자의 인격으로부터 떼어내어 종이 위에 옮겨놓는다. 때문에 글을 통한 소통은 인격들 간의 직접적인 접촉을 요하지 않는다. '지금, 여기'의 한계에 갇혀 있는 말과 달리 글을 통한 소통은 시간과 공간의 제약을 넘을 수 있었다. 글쓰기는 공동체에 속했던 인간들을 고독한 개인으로 뿔뿔이 흩어놓았다. 하지만 20세기에 등장한 전자매체가 고독한 개인들을 또 다시 청중으로, 그것도 과거와 비교할 수 없을 정도로 거대한 집단'지구촌'으로 묶어주고 있다. 이 새로운 전자공동체에 거는 기대감은 물론 가톨릭 신부로서 옹이 가진 신앙공동체에 대한 향수와 관련이 있을 것이다.

디지털과 구술성

맥루언처럼 옹도 '2차 구술성'을 주로 라디오나 텔레비전과 같은 아날로그 전자매체와 연관시킨다. 문제는 라디오와 텔레비전이 과연 얼마나 대화적 매체인가 하는 것이다. 역시 전자 구술성에 기대를 걸었던 이니스도 30년대 이후 라디오가 전체주의적 매체로 전락했다고 판단한 바 있다. 실제로 라디오든 텔레비전이든 '방송'broadcasting은 매우 일방적인 매체다. 설사 청취자나 시청자를 프로그램에 참여시킨다 하더라도, 그 가능성은 극히 제한되어 있다. 그렇다고 방송매체가 청취자나 시청자들 사이의 소통을 허용하는 것도 아니다. 2차 구술매체가 부활시켰다는 '청중'은 실은 문자문화 시대의 독자들만큼이나 고립된 개인들일 뿐이다. 사실 아날로그 전자매체는 인간들 사이의 면대면 접촉을 허용하지 않는다. 따라서 2차 구술성에 관한 옹과 맥루언의 논의는 아날로그 시대보다 차라리 쌍방향 소통을 허용하는 오늘날의 디지털 환경에 더 적합한지도 모른다.

사실 옹과 맥루언의 비전에 일치하는 2차 구술성의 예는 오늘날의 디지털 문화에서 더 쉽게 발견된다. 가령 구독자들끼리 친족관계를 맺는 과거의 '싸이월드' 문화는 글자 그대로 맥루언이 말한 '촌락화'의 전자적 구현이었다. 오늘날 청취자나 시청자는 수동적으로 방송을 청취·시청하는 데에서 벗어나 인터넷을 통해 적극적으로 저만의 방송을 할 수가 있다. 이를 '협송'narrow casting

이라 부른다. 오늘날 협송을 하는 BJ들은 저마다 자기만의 청중으로 이루어진 촌락 공동체를 가지고 있다. '나꼼수'에서 볼 수 있듯이 협송의 영향력이 방송을 능가하기도 하고, 몇몇 텔레비전 프로그램에서 볼 수 있듯이 방송이 외려 협송의 포맷을 차용하기도 한다. 음성을 사용하지는 않아도 SNS 역시 강력한 구술성을 띤다. 옹과 맥루언의 예언대로 과연 전자매체는 디지털화를 통해 이 세계를, 모든 이가 모든 일을 동시에 실시간으로 체험하는 거대한 촌락으로 바꿔놓았다.

디지털 구술성과 관련하여 짚고 넘어가야 할 또 하나의 주제는 옹이 말한 '2차 구술성'과 '구술적 잔재'의 구별이다. 한국처럼 문자문화의 역사가 짧은 나라에서는 이 구별이 특히 각별한 의미를 갖는다. 이곳에서는 광범위하게 남은 '구술적 잔재' 위에서 '2차 구술성'이 전개됐기 때문이다. 한국에서는 구술적 잔재가 외려 2차 구술성이 전개되는 데에 필요한 최적의 환경을 마련해 주었다. 한국인들이 인터넷을 그토록 열렬히 수용한 것은, 그것이 산업화 과정에서 파괴된 공동체를 사이버 공간에서 되찾게 해주었기 때문이리라. 서구인들의 인터넷 사용이 정보적informative이라면, 한국인들의 인터넷 사용은 친교적phatique이다. 이처럼 문자 '이전'의 구술성과 '이후'의 구술성이 중첩된 사회에서는 그 둘을 구별하기가 쉽지 않다. 거기서는 구술적 잔재가 2차 구술성으로 진화할 수도 있고, 아니면 2차 구술성이 구술적 잔재로 퇴행할 수도 있을 것이다.

보론: 데이터적 소비

구술성에 관한 옹의 이론이 디지털문화의 분석에 얼마나 도움이 될까? 그의 이론의 유용성을 시험하기 위해 대중문화의 영역에서 예를 하나 꺼내오자. 최근 일본의 평론가 아즈마 히로키는 90년대 일본 오타쿠 계층의 특성의 하나로 '데이터베이스 소비'라는 것을 꼽은 바 있다. '데이터베이스 소비'의 배경이 된 것은 평론가이자 작가인 오츠카 에이지가 제기한 '이야기소비物語消費'의 개념이라고 한다. '이야기 소비'란 상품 자체를 소비하기보다는 그것의 배경이 되는 가상의 이야기나 세계관을 소비하는 80년대 오타쿠들의 독특한 행태를 가리킨다. 이는 아마도 보드리야르가 지적한, 상품 대신 기호를 소비하는 현상의 일본적 변형이리라. 그런데 아즈마 히로키에 따르면, 90년대 후반의 오타쿠들은 앞 세대와 달리 이야기 자체를 소비하지 않는다고 한다. 그들은 이야기를 개별 요소로 해체해 정보의 집적으로 환원시킨 후 이를 일종의 데이터베이스로 활용한다는 것이다.[30)]

예를 들어 <기동전사 건담>1979의 팬들이 작품 배후의 세계관을 이루는 가공의 이야기에 탐닉했다면, <신세기 에반게리온>1995의 팬들은 이야기 자체를 즐기기보다는 캐릭터나 메카닉과 같은 개별요소들을 데이터베이스로 환원시킨 후, 그것들을 이른바 '모에화'하며 작지만 새로운 이야기들을 만드는 것을 즐겼다고 한다. '데이터베이스 소비'라는 이 독특한 현상에 대한 이론적 접근은 그 동안 주로 포스트모던 담론의 지평 위에서 이루어졌다. 예를 들어 거대서사grand récit의 종언을 말하는 료타르를 따라, 이를 사라진 거대서사의 빈 자리를 가공의 서사로 대체하려다 결국 서사 자체를 포기하는 과정으로 설명하거나, 혹은 보드리야르를 따라 작은 이야기들을 만들어내는 2차 창작의 본질을 시뮬라크르의 무한증식으로 설명하거나, 아니면 라캉을 따라서 거대서사를 상징계, 작은 서사들을 상상계, 데이터베이스를 실재계와 동일시하는 식이다.[31]

'미디어'의 관점에서 이 문제에 접근해 보자. 그러면 포스트구조주의로의 시각으로는 볼 수 없었던 현상의 새로운 측면이 드러날 것이다. 흥미로운 것은 '데이터베이스 소비'가 전형적인 구술문화의 현상이라는 점이다. 데이터베이스 소비의 원형은 사실 고대의 서사시로 거슬러 올라간다. 아리스토텔레스의 말대로 서사시는 다수의 입을 통해 창작되고 전승되기에 삽화적 구성을 갖는다. 그 점에서 기승전결의 명확한 선형적 플롯을 가진 극시와 대비된다. 실제로 고대의 가수들에게 서사시는 데이터베이스였다. 기억은 거기에 랜덤 억세스를 허용한다. 서사시에 담긴 그 방대한 이야기를 한 자리에서 완창完唱할 기회는 거의 없었다. 때문에 고대의 가수들은 거대한 서사를 조립가능한 분산적 에피소드들로 잘라 데이터베이스화 하고, 이 시소러스로부터 개별 에피소드들을 데이터로 취해 그때그때 현장 상황에 맞게 작은 이야기들을 조립해내곤 했다.

서사시의 예가 문자이전의 1차 구술성에 해당한다면, 데이터베이스 소비는 문자이후의 2차 구술성에 속한다. 옹의 말대로 2차 구술성은 과거의 구술성과 놀라울 정도로 유사하면서도 동시에 놀라울 정도로 다르다. 그것은 "쓰기와 인쇄에 뿌리를 둔, 본질적으로 더 정교하고 자의식을 갖춘 구술성"이기 때문이다. 마찬가지로 데이터베이스 소비 역시 서사시와 놀라울 정도로 유사하면서도 동시에 그와는 전혀 다른 현상이다. 가령 서사시의 가수들은 자기들이 뭔가를 '창작'한다는 의식이 없었다. 설사 낭송의 과정에서 즉흥적으로 새로운 에피소드를 만들어 원곡에 첨가한다 할지라도, 그들은 자신들이 과거와 똑같은 노래를 부른다고 믿었다. 그것이 바로 구술문화의 '항상성'이다. 데이터베이스 소비는 다르다. 문자문화에 뿌리를 둔 구술성이기에, 그것을 통해 이루어지는 2차 창작은 글자 그대로 '창작'이다. 다만 문자문화의 그것과는 완전히 다른 종류의 창작이다.

극시가 기승전결의 선형적 구조를 갖는다면, 서사시는 다소 느슨한 삽화적 구성을 갖는다. 극시가 인과적으로 연결된 이야기라면, 서사시는 분산적 삽화들의 데이터베이스에 가깝다. 이야기는 시간적이고, 데이터베이스는 공간적이다. 이렇게 '이야기 소비'가 '데이터소비'로 이행하는 것은 결국 의식의 패러다임이 '역사'에서 '체계'로 바뀌어 가는 것을 의미한다. 플루서에 따르면, 컴퓨터의 등장 이후 문자문화의 선형적·역사적·비판적 의식은 체계적·형식적·공학적 의식에 자리를 내주게 된다고 한다. 공교롭게도 아즈마 히로키 역시 데이터베이스 소비의 배경으로 오타쿠 층의 구성의 변화를 들며 그와 비슷한 이야기를 한다. 즉 오타쿠층의 주력이 90년대 후반 "이야기를 좋아하는 문과계열에서 시스템을 좋아하는 공학계의 학생"으로 교체됐다는 것이다. 여기서 또 다시 데이터베이스 소비가 디지털에 뿌리를 둔 2차 구술성의 현상이라는 사실이 드러난다.[32)]

05

팬텀과 매트릭스로서 세계

권터 안더스
Guenter Ander

미디어 이론을 낙관주의와 비관주의의 두 유형으로 나눈다면, 안더스의 것은 분명히 후자에 속한다. 이는 개인적 성향과도 관련이 있어 보인다. 그의 전前부인 정치철학자 한나 아렌트는 후에 그의 대책 없는 비관주의가 지겨워서 그와 헤어졌노라고 술회한 바 있다. 테크놀로지를 바라보는 안더스의 시각은 〈기술과 전향〉의 하이데거와 〈도구적 이성비판〉의 호르크하이머 사이를 오간다. 하이데거에 의하면 기술은 우리가 통제하는 도구라기보다는 우리가 처한 숙명에 가깝다.[33] 안더스 역시 역사의 주체가 되고 인간은 '부대사건'mitgeschichtlich이 되었다고 말한다. 하지만 동시에 호르크하이머를 따라 그 휴머니즘의 가능성을 끝내 포기하지 못한다. 이 프랑크푸르트학파의 학자는 대량학살을 낳은 것은 수단의 합리성만 따지는 도구적 이성이므로, 또 다른 파국을 막으려면 이 일면적 이성을 목적설정 자체에 관여하는 비판적 이성으로 통제해야 한다고 주장한 바 있다.[34]

인간의 골동성

안더스의 기술 비판에 원체험이 되어 준 것은 바로 히로시마의 트라우마였다. 그에게 히로시마는 아도르노에게 아우슈비츠와 같은 의미를 갖는다. 아우슈비츠가 끔찍한 것은 수 백 만의 인간을 "제도적이고 산업적으로 몰살"시켰기 때문이다. 즉, 강제수용소의 학살자들은 뭔가 저지른 게 아니라, 그저 다른 이들처럼 묵묵히 일을 했을 뿐이다. 이것이 바로 한나 아렌트가 말한 '악의 평범함'이다. 안더스에 따르면, 도덕적으로는 아우슈비츠가 더 끔찍했지만 사실 더 나쁜 것은 히로시마다. 학살절차가 아무리 산업화·기계화 되었어도 아우슈비츠에는 여전히 개인들의 직접적 개입이 있었던 반면, 히로시마에서는 대량학살이 가해자와 피해자 사이의 인격적 접촉 없이 손가락 하나의 움직임으로 일어났기 때문이다. "핵무기가 글자 그대로 묵시록적인 반면, 아우슈비츠는 오직 비유적으로만 묵시록적이다." 한 마디로 아우슈비츠는 "덜 현대적"이고, 히로시마는 "더 현대적"이다.

안더스는 평생 반핵운동을 실천했다. 한때는 원폭투하 시에 기상을 살피러 먼저 정찰비행을 했던 B-29의 조종사와 서신을 주고받기도 했다. 이 조종사는 자신이 대량학살에 가담했다는 사실에 죄책감을 느껴 평생을 불행하게 살았지만, 그를 제외하고 원폭에 가담한 이들 중에서 자신의 행위에 죄책감을 느낀 사람은 하나도 없었다. 학살이 철저히 기계적으로, 익명적으로, 그리하여 비인격적으로 이루어졌기 때문이리라. 히로시마가 끔찍한 것은 그것이 우리의 기술문명이 도달할 수 있는 하나의 극한을 보여주었기 때문이다. 기술의 목적은 결국 "인간의 도움이나 기능 없이도 돌아가는 뭔가를 만드는 데"[35]에 있다. 기술은 자동화될수록 더 완벽해진다. 따라서 발전한 기술일수록 인간이 개입할 여지를 더욱 더 배제할 수밖에 없다. 완전한 기술이란 한 마디로 인간의 통제를 완전히 벗어난 기술이다. 히로시마의 학살은 그런 식으로 이루어졌다.

여기서 알 수 있듯이 안더스가 우려하는 것은 결국 인간과 기술 사이에 나날이 벌어지는 '격차'Diskrepanz다. 프로이트에 따르면 인간은 미디어의 도움으로 제 결함을 극복하고 더욱 더 완벽해지는 보철신Prothesengott이다. 여기서 인간은 기술과 더불어 공진화하는 존재로 나타난다. 하지만 거기에는 어떤 불안감이 내재한다. 인간은 기술을 필요로 하나, 기술은 더 이상 인간을 필요로 하지 않기 때문이다. 결국 신이 되는 것은 인간이 아니라 보철인지도 모른다. 기술은 급속히 발전하나 인간은 그렇게 빨리 진화하지 못한다. "인간이 제작herstellen할 수 있는 것과 생각vorstellen할 수 있는 것 사이의 격차"[36]가 날로 커지면서, 인간은 자신이 감당할 수 없는 기술 앞에서 한갓 낡아빠진 존재로 전락할 수밖에 없다. 안더스는 이를 《인간의 골동성》1956이라 부른다.[37] 결국 안더스의 미디어 이론은 기술에 대한 이 일반적 비관론의 특수한 예라고 할 수 있다.

텔레비전의 현상학

5~60년대에 태어난 세대는 텔레비전의 창세기를 기억할 것이다. 텔레비전이 없던 시절의 가정의 풍경은 지금의 그것과 분명히 다르다. 텔레비전은 그저 가정에 들어오는 게 아니라, 그것을 재조직한다. 그것은 의식을 조직하고 신체를 조직하며, 나아가 삶 자체를 재조직한다. 현대의 일상에서 텔레비전이 차지하는 위상을 생각하면, 그 동안 그것이 무슨 일을 해왔는지 설명해 줄 이론이 필요할 법도 하다. 그 요구에 응한 것이 바로 독일의 비평가 귄터 안더스였다. 정교한 현상학적 분석을 통해 그는 TV가 어떻게 인간의 지각과 가족의 습속과 나아가 현실 자체의 존재론적 위상을 변화시키는지 보여준다. 나치를 피해 미국으로 망명을 간 이 유태계 비평가가 이 텔레비전 현상학을 전개하는 데에 필요했던 TV 시청 시간은 고작 7, 8분이었다. 그는 1948년의 어느 날 거리의 쇼윈도우에서 잠시 TV를 본 후 평생 동안 다시 TV를 보지 않았다고 한다.

〈팬텀과 매트릭스로서 세계〉라는 논문의 제목은 쇼펜하우어의 저서 《의지와 표상으로서의 세계》1818/1819를 패러디한 것이다. 여기에서 벌써 미디어의 존재론을 구성하려는 그의 의도를 읽을 수 있다. 실제로 그는 글의 곳곳에서 자신의 미디어 이론이 철학적 고찰임을 강조하기 위해 여러 철학자의 명제를 인용한다. 쇼펜하우어는 이 세계를 '표상의 세계'라 불렀다. 그것은 칸트가 말한

'현상의 세계'를 불교에서 말하는 '사바세계'로 해석한 것이다. 안더스에 따르면, 텔레비전과 라디오는 오늘날 실제로 사바세계를 만들어내고 있다. 철학자 니체는 "모든 위대한 철학자는 진정한 세계란 이 세계 위에 드리워진 베일 뒤에 감추어져 있다는 예감을 갖고 있다"고 했다. 그런 각성에 도달하지 못한 범인들에게 유일한 세계란 '사바세계'일 뿐이다. 마찬가지로 산업사회의 대중들에게 경험 가능한 유일한 세계는 방송이 만들어내는 또 하나의 '사바세계'일 뿐이다.

안더스의 논의는 베냐민에게 크게 의존한다. 안더스가 베냐민의 <기계복제> 논문을 읽었는지는 확실하지 않다. 하지만 두 논문의 놀라운 구조적 유사성은 안더스가 <기계복제> 논문의 존재를 미리 알았을 것으로 추정하게 한다. 특히 주목해야 할 것은 안더스와 베냐민 사이의 이론적 길항관계다. 마치 마르크스가 헤겔을 물구나무 세우듯이, 안더스는 베냐민을 물구나무 세운다. 마르크스가 헤겔의 관념론을 뒤집어 고유의 유물론 철학을 만들어냈듯이, 안더스는 베냐민의 낙관론을 뒤집어 특유의 미디어 비관론을 만들어낸다. 따라서 안더스의 논의를 이해하려면, 그것이 베냐민의 이론의 어떤 부분과 관련되어 있는지 살펴야 한다. 그렇게 서로 비교하면서 읽으면, 안더스가 텔레비전의 현상학을 전개하기 위해 베냐민의 패러다임을 거의 그대로 갖다 쓰면서도, 베냐민이 제시한 거의 모든 명제들을 뒤집어 그것들의 반反명제를 만들어내고 있음을 알게 된다.

세계, 방안으로 들어오다

> "마치 물이나 가스나 전기가 거의 눈에 띄지 않는 손동작 하나에 의해 멀리서부터 우리들 집으로 와서 우리들에게 시중을 들 듯이, 우리는 조그만 손동작 하나로 하나의 이미지가 나타났다가는 곧 또다시 사라져버리는 그런 영상이나 소리를 갖게 될 것이다."[38)]

벤야민이 인용한 시인 발레리의 말이다. 벤야민은 여기저기 돌아다니며 영상을 보여주는 영화예술에서 이 예언의 실현을 보았다. 물론 디지털 시대를 사는 우리에게 발레리의 말은 차라리 인터넷 시대의 예언으로 느껴질 것이다. 하지만 아직 1950년대를 살았던 안더스에게 "그런 영상이나 소리"는 의심할 여지없이 텔레비전과 라디오를 가리켰다. "하나의 이미지가 나타났다가 곧 또 다시 사라져" 버리게 하는 그 "조그만 손동작"이 우리에게는 마우스 클릭을 연상시킬 것이나, 안더스라면 그것을 텔레비전이나 라디오의 스위치를 켜고 끄는 동작으로 생각했을 것이다. 실제로 발레리가 말한 물이나 가스처럼 집으로 들어오는 영상이나 소리는 텔레비전과 라디오를 통해 비로소 가능해졌다. 집안에 수상기가 들어옴으로써 누구나 영상을 수돗물이나 전기를 쓰듯이 소비하게 된 것이다.

전기나 가스처럼 이미지를 집안으로 끌어오는 것은 물론 자본주의적 대량생산을 통해 가능해졌다. 즉 "수상기의 대량생산을 통해 집단적 소비가 불필요"해진 것이다. 영화는 영화관에서 집단적으로 관람을 하나, 텔레비전의 시청자는 굳이 집단을 이룰 필요가 없다. 베냐민은 집단적 수용을 전제하는 영화가 '사적' 영역에 흩어져 있는 부르주아 개인들을 '공적' 영역으로 불러내 집단적 주체로 묶어줄 것이라고 보았다. 하지만 텔레비전은 그와 반대로 관객을 뿔뿔이 흩어서 가정으로 되돌려 보낸다. 이는 중요한 차이를 낳는다. 정치와 같은 공적 사안res publica도 텔레비전을 통해 가정에서 수용될 경우 한갓 사적 문제res privata로, 즉 개인적 오락거리로 전락하는 경향이 있기 때문이다. 안더스에 따르면, 텔레비전은 결국 정치적인 것·사회적인 것의 죽음을 초래한다.

텔레비전과 더불어 등장한 새로운 관객은 바로 가족이다. 가족은 '미니 관중'Publikum en miniature이 되고, 가정은 점점 더 조그만 극장의 모습을 닮아간다. 과거에 가족 식탁에 둘러 앉아 서로 시선을 교환하며 저녁 식사를 했다. 하지만 오늘날 가족들의 시선이 모이는 곳에는 텔레비전이 놓여 있다. 그 결과 가족들 사이의 시선교환은 사라지고, 이윽고 그들 사이의 대화마저 사라진다. 이 역시 베냐민이 지적한 '아우라의 파괴'와 개념적으로 관련이 있어 보인다. 베냐민이 제시한 '아우라'의 또 다른 정의는 '시선의 마주침'이기 때문이다. 텔레비전은 가족 성원들 사이에 시선의 교환을 방해하고, 그로써 가족이 전통적으로 갖고 있던 아우라마저 파괴한다. 오늘날 텔레비전은 아예 가족을 구성하는 원리가 되어, 그것을 틀어놓지 않으면 가족끼리도 같이 있는 것이 서먹서먹할 정도가 되었다. 안더스의 말대로 텔레비전은 전통적인 부르주아 가정을 파괴한다.

텔레비전의 시청자는 돈을 주고 영상과 소리를 사는 이미지의 소비자다. 영상의 '대중적 소비'는 '유아론적'으로 이루어진다. 즉 대중은 영상을 집에서 개인적으로 소비한다. 유아론적 소비자는 집으로 들어온 현실의 조각들을 소비하는 가운데 자연스레 '관념론자'가 된다. 텔레비전의 시청자에게 세계는 더 이상 우리가 그 안에 들어 있는 외부세계로 나타나지 않는다. 그에게 세계는 내 방안에서 일어나는 사건의 총체가 되어버린다. 즉 '나의' 세계가 되어버리는 것이다. 시청자는 밖에서 벌어지는 사건을 영상의 형태로 방안에서 소유한다. 그 세계는 나를 위해 존재하는 세계, 내가 마음대로 가질 수 있는 세계다. 그 세계를 가지려면 스위치를 누르면 된다. 바로 이렇게 '세계'라는 말에 '나의', '너의', '그의'와 같은 소유격이 붙을 때, 그 세계는 '관념'이 된다. 그러나 그것은 머릿속의 주관적 관념이 아니다. 그것은 환영, 즉 머리 밖에 영상으로 존재하는 객관적 관념이다.

펜텀으로서의 세계

텔레비전 매체는 현실과 가상이라는 전통적 대립을 무너뜨린다. 예를 들어 월드 트레이드 센터가 불타는 모습을 실시간으로 비추는 CNN의 화면을 보자. 모니터 위에서 보는 저 사건은 실제로 존재하는 것인가? 아니면 존재하지 않는가? 어느 쪽으로도 대답하기 어렵다. 지금 나는 쌍둥이 빌딩이 불타는 모습을 실시간으로 보고 있다. 쌍둥이 빌딩에는 실제로 지금 불이 나고 있다. 하지만 그것은 분명히 내 방안에서 벌어지는 사건은 아니다. 우리 집에는 화재가 나지 않았고, 그 이전에 내 방안에는 쌍둥이 빌딩이 들어와 있을 리 없다. 그런 의미에서 저 영상은 '존재하지도 않고 부재하지도 않는' 사건이다. 이렇게 현실도 아니고 허구도 아닌 이 제3의 존재 층을 안더스는 '팬텀'Phantom이라 부른다. 그리고 이를 '사물로서 등장하는 형태'로 정의한다. 즉 팬텀이란 한갓 영상임에도 불구하고 마치 진짜 사건이나 사물의 행세를 하는 그런 영상이라는 것이다.

텔레비전은 이렇게 팬텀의 세계를 만들어낸다. 허구이면서 동시에 사실로 등장하는, 그리하여 존재하면서 실은 존재하지 않는 새로운 리얼리티를 만들어낸다. 과거에 모상은 원본이 되는 사건이 벌어진 이후에nach 제작되었다. 가령 역사화는 사건이 발생한 다음에 그려진다. 텔레비전의 영상 역시 원본原本의 모상模像에 불과하다. 그럼에도 불구하고 TV 영상은 역사화와는 달리 사건의 발생과 모상의 제작 사이의 시간적 간극을 없애버린다. 특히 실시간 중계일 경우 사건과 모상은 글자 그대로 동시에 발생한다. 이렇게 '실시간으로'synchron 나타나는 중계되는 영상은 우리 앞에 모상도 아니고, 그렇다고 원본도 아닌 것으로 나타난다. 여기서 원본과 모상의 존재론적 차이는 사라지고, 모상 자체가 현실의 직접성을 가지고 우리 눈앞에 생생하게 현상한다. 모상, 그것은 곧 현실이 된다. "삶이 꿈으로 간주되는 곳에서는 꿈이 삶으로 간주되듯이, 모든 현실이 팬텀으로 등장하는 곳에선 모든 팬텀이 현실이 된다."[39)]

이처럼 모상이 현실로 여겨지는 곳에서는 구조적 기만의 메카니즘이 개입되기 마련이다. 모상의 진리성은 원본과의 일치 여부에 있다. 다시 말해 사본은 원본과 일치할 때에만 참된 것으로 여겨진다. 그래서 우리는 모상에 대해 원본과 일치할 것을 요구한다. 사실 모상이 모상으로 여겨지는 한, 우리는 여전히 진리요구를 할 수가 있다. 하지만 모상이 곧 원본으로 나타나는 곳에서는 애초에 참·거짓을 물을 수가 없다. 아예 진리요구 자체가 불가능해지는 것. 바로 이것이 안더스가 가장 두려워한 것이었다. 사건과 모상의 간극이 없는 이상, 모상은 그대로 진리로 받아들여질 수밖에 없다. 이처럼 원본과 모상 사이의 구별이 없어지고, 모상이 원본과 같은 시간에 현실과 똑같은 생생함을 갖고 나타날 때에는 거짓말도 생생한 진리로 현상한다. 게다가 텔레비전이라는 도구는 그저 도구에 불과한 것이 아니다. 그것은 어떤 사실의 미리 선정된 측면을 보여줌으로써 그 사건에 대한 판단을 암암리에 미리 내포한다.

예를 들어 백화점 진열장에 전시된 상품을 보자. 상품은 아무 말도 하지 않는다. 그 상품을 'x'라고 하자. 그 'x'는 자기 자신에 대해서 아무 말도 안 하는 듯하다. 즉 그것은 아직 술어가 달리지 않은 주어일 뿐이다. 하지만 실제로는 그렇지 않다. 진열장에 전시되어 있다는 것 자체가 실은 자화자찬인 것이다. 즉 상품 'x'는 인간들이 술어를 붙여주어야 할 주어에 불과한 게 아니라, 이미 자체 내에 술어를 포함하고 있다. 말하자면 그 존재가 이미 제 자신에 대한 판단을 품고 있는 것이다. 그 판단은 물론 의식되지 않는 상태로 소비자에게 강요된다. 하지만 소비자는 상품이 스스로 내린 그 판단을 마치 자기가 주체적으로 내린 판단인 양 착각을 하게 된다. 즉, 그저 남이 이미 내린 판단을 반복하면서 그 판단을 자신이 직접 내린 것으로 착각하는 것이다. TV 영상이라는 상품도 마찬가지다. 그것은 소비자로 하여금 점점 더 이 이미 내려진 판단에 의존하게 만들고, 나아가 이 의존성을 꿰뚫어볼 가능성조차 앗아간다.

대중, 유아론적 관념론자

텔레비전은 팬텀의 세계를 만들어낼 뿐 아니라 동시에 새로운 인간을 만들어낸다. 이를 안더스는 '은둔자 대중'Massen-Eremiten이라 부른다. 가령 외부환경과 일체의 접촉을 끊고 집에서 TV나 비디오를 보며 지내는 일본의 '오타쿠'를 생각해 보라. 사실 TV의 시대를 사는 우리 모두는 '은둔자 대중', 즉 일종의 '오타쿠'다. 베냐민은 영화 대중이 잠재적인 민주적 집단이 되리라고 기대했다.

하지만 안더스에게 이런 기대는 "비정치적인 영역으로의 민주주의의 무의미한 확장"일 뿐이다. TV 대중은 그저 뿔뿔이 흩어져 자기 집안의 감옥에 틀어박혀 자기만의 세계를 소비하는 세속적 수도승에 지나지 않는다. 설혹 "라디오 수신기와 텔레비전 수상기가 세계를 향한 창을 열어 줄지는 모르나, 그것은 동시에 세계의 소비자를 '관념론자'로 만들어버린다."[40] 아무리 객관적이라 하더라도 관념론자의 세계는 어디까지나 환영의 세계다. 그것은 세계가 아닌 세계, 현실이 아닌 현실이다.

베냐민의 말을 기억해 보자. "영화가 등장함에 따라 이러한 감옥의 세계가 10분의 1초의 다이너마이트로 폭파됨으로써 우리는 사방으로 흩어진 감옥세계의 파편들 사이에서 유유자적하게 모험에 가득 찬 여행을 시도할 수 있게 되었다."[41] 영화의 관객은 카메라의 움직임을 따라 영화관에 앉아서도 바깥세상으로 여행을 떠날 수 있다는 것이다. 오늘날에는 이를 '인터넷 서핑'이라 부를 것이다. 똑같은 현상을 놓고 안더스는 베냐민과는 정반대의 판단을 내린다. 안더스에 따르면, 텔레비전이 전달해주는 파편적 영상들 사이를 여행하는 것은 실은 진짜 여행이 아니라고 한다. 독일어에서 '배우다, 경험하다'는 말erfahren에는 '자동차나 마차를 타고 떠나다'fahren라는 말이 들어 있다. 따라서 텔레비전이 우리 안방에 배달해주는 세계의 조각들 사이에서 "유유자적하게 모험에 가득 찬 여행"을 하는 것이 실은 진짜로 여행하는 것fahren이 아니라면, 그 여행을 통해서 우리가 외부세계를 경험erfahren하는 것도 실은 불가능하다는 얘기가 된다.

데카르트는 《제2성찰》에서 인간의 정신은 몸과 달라서 분할을 할 수가 없다고 말했다. 과연 그럴까? 우리는 텔레비전을 보면서 뜨개질을 하거나 밥을 먹거나 신문을 보거나 혹은 그 밖의 일을 한다. 텔레비전을 볼 때에 인간의 영혼은 분열되고, 그의 몸은 파편화한 행동의 집산으로 전락한다. 텔레비전 앞에서 부르주아적 개인individual은 해체되어 분열자dividual로 전락한다. 베냐민은 찰리 채플린의 영화를 보는 '산만한' 지각이 피카소의 그림을 보는 관조와 집중보다 진보적이라고 보았지만, 안더스에게 산만함은 그저 인간의 지적 능력을 떨어뜨리는 산만함에 불과하다. 텔레비전을 보면서 인간은 자신을 '대중-인간'으로 전화시킨다. 아도르노가 대량복제된 음반이 진정한 듣기의 능력을 퇴화시킨다고 본 것처럼, 안더스에게도 텔레비전이 매개하는 지각은 감각의 퇴보를 의미하는 것이었다. 텔레비전의 지각은 더 이상 그리스적 의미의 '시각'도 아니고 히브리 전통의 '청각'도 아니고, 그저 '먹는 것'이다. 텔레비전 앞에서 인간은 엄마가 떠서 입안에 넣어주는 밥을 먹는 어린아이가 된다.

텔레비전은 이렇게 시청자를 정신적 '구강기'로 되돌려 보낸다. 이 어린이의 배를 채워주기 위해 그것은 부지런히 현실의 맛있는 파편들을 방안으로 배달한다. 아이의 입맛을 맞추려면 날로 새로운 그림, 더욱 더 충격적인 그림, 한마디로 센세이셔널한 그림을 동원할 필요가 있다. 그 결과 세계는 볼거리를 제공하는 노출증 환자로 전락하고, 시청자들은 세계의 그 적나라한 모습을 훔쳐보는 절시증 혹은 관음증 환자가 된다. 텔레비전 자체가 결국 이 두 가지 음란한 욕망의 공모 위에 서 있는 셈이다. 최근 텔레비전에서 유행하는 각종 '리얼리티 쇼'란 실은 텔레비전, 아니 나아가 모든 대중매체에 내재한 이 노출증과 관음증의 결합이 극단적으로 나타난 것에 불과하다. 안더스에 따르면, 미디어는 이렇게 세계와 인간의 사이를 매개하는 가운데 한쪽은 노출증 환자로, 다른 쪽은 관음증 환자로 만든다.

사물의 권위

텔레비전은 이상한 친숙감을 만들어낸다. 연속극에 나오는 저 여배우는 개인적으로 본 적이 전혀 없어도, 이상하게 우리에게 친숙하게 느껴진다. 텔레비전 스타들에 대해 팬들이 느끼는 친밀감을 생각해 보라. 그들은 전혀 친분이 없는 스타의 사생활까지 꿰고 그를 자기 가족이나 친구나 되는 것처럼 느낀다. 또 그들의 불행을 마치 자기 일처럼 걱정하고, 그들의 기쁨을 마치 자기 일처럼 기뻐하고, 그들에 대한 공격을 마치 자기에 대한 모욕인 양 느낀다. 하지만 현실의 스타는 어떠한가? 실제로 그들은 대중과 너무나 먼 곳에 있다. 아주 공교롭게도 이는 베냐민이 말한 아우라의 파괴, 즉 '아무리 멀리 있어도 어떤 가까운 것의 반복적 나타남'과 논리적 동형을 이룬다. 스타는 비루한 대중들과는 신분적으로 다른 세계에 속한다. 그들의 세계는 대중에게는 전혀 낯설고, 그 세계로부터 대중은 철저히 소외된다. 그럼에도 불구하고 이 소외를 대중들은 소외로 느끼지를 않는다. 텔레비전은 이렇게 먼 것을 가깝게 함으로써 '소외를 친숙화'한다.

텔레비전은 또한 수용자와 세계 사이의 거리를 지운다. 아무리 멀리 떨어진 곳에서 벌어지는 일이라도 텔레비전은 그것을 우리의 안방에 옮겨놓음으로써 사물들 사이의 공간적 차이를 지워버린다. 이때 텔레비전이 보여주는 사물이나 사건의 고유한 가치는 지워진다. 원래 그 사건은 특정한 장소에 귀속되는 유일한 사건이리라. 하지만 카메라에 잡히는 순간, 그 사건은 그 장소에서 풀려나와 대량으로 복제된다. 이로써 여기서 사물들은 고유의 가치, 고유의 의미를 상실하고 '중립화'한다. 이 순간에 베냐민은 이렇게 말할 것이다. "이렇게 해서 위험한 상황에 놓이게 되는 것은 사물의 권위다." 오늘날 여행자들은 정작 현지에 가서 실망하는 경우가 종종 있다. 영상은 최상의 조건에서 만들어지지만, 실물은 늘 그렇지가 않기 때문이다. 베냐민은 아우라의 파괴를 진보적 현상으로 보았다. 하지만 안더스에게 이것은 상찬해야 할 진보적 현상이 아니라 우려해야 할 심각한 사태였다.

매트릭스의 세계

텔레비전의 시청자는 텔레비전을 통해 배달되는 세계의 파편들을 마음대로 조립하여 자기의 세계를 구성한다. 그는 마음대로 세계를 껐다가 켤 수가 있다. 이를 통해 그는 팬텀으로 이루어진 자기 세계의 주인이 된다. 과연 그럴까? 그렇지 않다. 과거에 사람들은 사진이나 영상을 조작함으로써 현실에 반대하여 거짓말을 했다. 하지만 텔레비전은 현실을 수단으로 거짓말을 한다. 과거처럼 '어떻게'만이 아니라, 무엇보다도 '무엇을 말하고, 무엇을 말하지 않느냐'가 거짓말을 하는 가장 중요한 수단이 된다. 시청자가 세계의 파편들을 조립하여 자기의 세계를 구성하기 전에, 그 세계는 이미 판에 박힌 형태로 그에게 전달된다. 텔레비전이 배달해주는 영상의 파편들은 이미 누군가에 의해 구성된 총체성으로서 후에 시청자가 자기 세계를 구성하는 '선험적 조건'이 된다. 세계는 통째로, 총체성으로 주어진다. 시청자라는 자기 세계의 주인은 실은 거대한 매트릭스 세계의 수인囚人인 셈이다.

여기서 우리는 영화 <매트릭스>1999가 안더스 미디어 이론의 디지털 버전에 불과하다는 것을 알 수 있다. 팬텀과 매트릭스는 그저 관념적인 현상에 불과한 게 아니다. 베냐민의 복제기술이 예술을 베끼는 수준에서 벗어나 예술창작에 영향을 끼치기 시작했듯이, 텔레비전은 현실의 팬텀을 만들어내는 데에 그치지 않고, 그 팬텀으로 현실에 영향을 끼치게 된다. 이제 사람들은 어떤 사건의 사회적, 정치적 중요성을 '그것이 텔레비전에 나왔느냐, 안 나왔느냐'를 기준으로 판단하기 시작한다. 이렇게 어떤 사건의 복제형태가 원본의 형태보다 사회적으로 더 중요할 때, 이때 원본은 복제를 지향하지 않을 수 없다. 말하자면 이제 텔레비전이 현실을 닮는 게 아니라 거꾸로 현실 자체가 텔레비전 속의 가상의 모델에 맞추어 자신을 연출하게 되는 것이다.

언젠가 서구의 어느 방송사가 마피아와 계약을 맺고 그들이 은행을 습격하는 장면을 생생하게 화면에 담아 방송한 적이 있다. 그런 예는 우리나라에도 존재한다. 선거 캠페인이 벌어지는 시기에는 종종 여야 운동원이 서로 몸싸움을 벌이다가 병원에 입원했다는 소식을 듣는다. 물론 상대의 폭력성을 드러내기 위해 벌이는 텔레비전 쇼에 불과하다. 이 경우 카메라가 현실을 기록하는 게 아니라, 현실이 카메라 앞에서 자신을 연출하는 셈이 된다. 안더스는 팬텀과 매트릭스의 세계를 만들어내는 매체가 꼭 방송일 필요는 없다고 말한다. 논문의 말미에서 그는 오늘날 다른 매체들도 다소간 텔레비전과 같은 성격을 띠고 있다며, 자기 이론을 일반화한다. 실제로 오늘날의 언론은 점차 매트릭스를 닮아가고 있다. 언젠가 어느 의원이 국회에서 대정부 질의를 하는 가운데 각 일간지의 신문을 차례로 들어 보였다. 다음날 모든 신문사의 1면에는 그 의원이 자기 신문을 들고 있는 사진이 실렸다.

유토피아, 디스토피아

논문을 마감하며 안더스는 자신의 주장을 10개의 명제로 요약한다.

1. 우리가 세계로 가는 게 아니라 세계가 우리에게 올 때, 우리는 더 이상 '세계 안에' 있는 게 아니라, 그것의 게으른 소비자가 된다.
2. 세계가 우리에게 오되, 그저 그림으로만 올 때, 그것은 반은 존재하고, 반은 부재하면서 환영과 같은 것이 된다.
3. 우리가 TV를 통해 배달되는 세계를 언제라도 인용할 수 있을 때 설사 지배까지는 하지 못해도, 적어도 켜거나 끌 수 있을 때, 우리는 신적인 힘의 소유자가 된다.
4. 세계가 우리에게 말을 걸어오는데, 우리가 세계에 말을 걸 수는 없을 때, 우리는 벙어리가 되도록, 말하자면 자유롭지 못하도록 심판을 받는다.
5. 우리가 세계가 하는 말을 들을 수 있을 때, 하지만 거기에 작용을 가하지 못하고 오직 듣기만 할 수 있을 때, 우리는 엿듣는 자 혹은 관음증 환자가 된다.
6. 특정한 장소에서 발생하는 사건이 중계가 되고 '방송'으로 다른 모든 장소에 전송될 수 있을 때, 그 사건은 거의 모든 곳에 편재하는 상품이 되고, 개별화 원리로서의 자기의 공간적 위치를 상실한다.
7. 그 사건이 운반 가능하여 수많은 복제들로 등장할 때, 그것은 대상의 성격상 대량생산된 물건이 된다. 그 대량생산품의 배달되어 대가가 지불될 때, 그 사건은 상품이 된다.
8. 그 사건이 복제의 형태 속에서, 말하자면 그림으로서 비

로소 중요하게 여겨질 때, 존재와 가상, 현실과 그림 사이의 차이는 사라진다.

9. 그 사건이 원본의 형태보다 복제된 상태에서 사회적으로 더 큰 중요성을 띨 때, 원본은 복제를 닮아가고, 사건은 그것의 복제의 매트릭스가 되지 않을 수 없다.
10. 지배적인 세계 체험이 그런 대량 복제에 가까워질 때, 우리가 '세계'라는 말로써, 그 안에 우리가 들어가 사는 그것을 의미하는 한 '세계'의 개념은 폐기된다. 세계는 사라지고, 방송을 통해 생성된 인간의 태도는 '관념론적'으로 된다.[42)]

이것이 안더스가 예감하는 현대의 호러 비전이다. 베냐민이 영화에서 해방의 잠재력을 보았다면, 안더스는 텔레비전에서 이렇게 완벽한 억압과 통제의 가능성을 본다. 물론 오늘날과 같은 대중 민주주의 시대에 나치 시절처럼 뻔뻔하고 노골적인 조작은 가능하지 않을 것이다. 하지만 안더스는 오늘날의 대중매체에는 또 다른 전체주의의 위험이 내포되어 있다고 본다. 그의 경고는 섬뜩하게 느껴진다.

"대중-인간에게 세계가 매트릭스의 총체성 속에서 배달될 때, 세계를 대신하여 표상의 총체성이 등장한다. 하지만 이 세계는 오직 그것이 그=시청자에게 각인된다는 의미에서만 '그의 세계'다. '나의 표상이 너희의 세계다.' 매트릭스를 생산하는 자의 의지는 이렇게 말한다. 그렇게 말했다, 히틀러는."[43]

오늘날에도 여전히 우리는 누군가의 표상을 자신의 세계로 알고 살아가고 있는지도 모른다. 그렇다면 내가 살고 있는 이 세계는 누구의 표상일까? 우리는 도대체 누구의 꿈을 살고 있는 것일까?

06

시뮬라크르와 시뮬라시옹

장 보드리야르
Jean Baudrillard

장 보드리야르는 이른바 포스트모던의 대표적 사상가다. 하지만 대중에게는 영화 <매트릭스>에 영감을 준 이로 더 잘 알려져 있다. 워쇼스키 형제는 영화의 도입부에 오마주로 슬쩍 그의 저서 《시뮬라크르와 시뮬라시옹》1981를 등장시킨다. 영화 <매트릭스>는 90년대에 사람들이 상상했던 디지털의 미래상을 보여준다. 그 시절만 해도 디지털 세계를 설명하는 지배적 프레임은 '가상현실'이었다. 그리하여 인터넷 접속은 사이버스페이스라는 가상의 공간에 입장하는 것으로, 또 컴퓨터 사용은 우리가 입장할 가상공간의 프로그래밍으로 여겨졌다. 영화 <매트릭스>는 그런 시대적 관념의 영화적 구현이다. 영화 속에서 실재는 사라져 있다. 배양수조에 잠겨 잠자는 사람들이 실재라 믿는 것은 실은 아키텍트가 프로그래밍 한 거대한 가상현실일 뿐이다. 그들은 아키텍트의 꿈을 자신의 삶으로 살아간다. '실재의 사라짐.' 이것이 바로 보드리야르가 표상하는 현대세계다.

기호의 정치경제학

'실재의 사라짐'이라는 그의 모티브는 실은 몇 개의 단계를 거쳐 형성된 것이다. 그 첫 단계는 고전적 정치경제학에서 기호의 정치경제학으로의 전환이었다. 보드리야르가 사유를 시작했던 60년대에 서구사회는 이미 생산이 아니라 소비를 미덕으로 아는, 이른바 '소비자본주의' 시대에 접어든 상태였다. '사물'을 생산하는 초기자본주의와 달리, 후기자본주의는 '기호'를 생산한다. 고전적 자본주의의 대중이 상품을 사용가치로 소비했다면, 후기자본주의의 대중은 상품에서 무엇보다도 기호가치를 본다.[44] 이 새로운 상황은 물론 고전적 정치경제학의 인식에는 배치되는 것이다. 예를 들어 서울의 특정지역에서는 물건이 비쌀수록 잘 팔린다고 한다. 고전적인 수요/공급 곡선으로는 이 현상을 설명할 수가 없다. 비쌀수록 물건이 잘 팔리는 것은 물론 그럴수록 신분의 '차이'가 잘 드러나기 때문이다. 결국 그 지역 사람들은 상품을 신분을 표시하는 기호로 소비하는 셈이다.

이는 새로운 현상이 아니다. 소스타인 베블런은 이미 100여 년 전에 미국 상류층의 소비행태에서 동일한 경향을 발견한 바 있다. 그들 사이에선 상품의 가격이 아무리 올라도 수요가 줄지 않는다는 것이다. 미국 상류층의 과시욕과 허영심이 만들어낸 이 독특한 현상을 '베블런 효과'라 불렀다.[45] 보드리야르가 소비자본주의 사회에서 목격한 것도 본질적으로 이와 동일한 현상이다. 한 가지 차이가 있다면, 100년 전에는 사회적 상층만의 소비행태였던 것이 오늘날에는 사회적 하층으로까지 내려와 보편화했다는 것이다. 베블런의 지적이 상류사회의 허영과 자본주의적 낭비를 비꼬는 윤리적 함의를 갖는다면, '기호의 정치경제학'은 그 대신에 심오한 존재론적 함의를 갖는다. 그의 말에 따르면, 오늘날 상품은 '사용가치'라는 물리적 속성이 아니라 '기호가치'라는 관념적 속성으로 생산되고 또 소비된다. 한 마디로, 생산과 소비 자체가 '가상화'한 것이다.

우리는 더 이상 상품을 소비하지 않는다. 우리가 소비하는 것은 상품과 상품의 '사이', 혹은 상품과 상품의 '차이'일 뿐이다. '사이'와 '차이'를 소비하는 사회에서는 생산 역시 기호적 성격을 띤다. 기업들이 디자인이나 브랜드를 통해 '차이'를 생산하려 할 때, 상품의 경제학은 기호의 생산·유통·소비를 설명하는 기호의 정치경제학으로 바뀐다. 이처럼 상품의 가치가 다른 상품과의 '차이'에 있다는 생각은 물론 후기구조주의 기호학과 관련이 있다. 후기구조주의에 따르면 낱말의 의미는 그것과 다른 낱말들과의 차이를 통해 발생한다. 의미가 '차이'를 통해 생성된다면, 현실의 지시체로써 낱말의 의미를 고정시키는 것은 무의미해진다. 기호의 의미란 현실의 대상이 아니라 또 다른 기호일 뿐이다. '시니피앙의 무한연쇄'라는 데리다의 표현은 이처럼 기호가 최종적 지시를 잃고 다른 기호들과 차이의 놀이를 벌이며 자전하는 상황을 가리킨다.

《소비자 사회》1970에서 보드리야르는 기호의 경제가 어떤 결과를 초래하는지 생생히 보여준다. 데리다의 '기호'가 결코 무한연쇄에 빠져 결코 현실에 도달하지 못하듯이, 보드리야르의 '욕구' 역시 차이들의 놀이 속에 빠져 결코 '만족'에 도달하지 못한다. 욕구라는 것이 "특정 사물에 대한 욕구가 아니라 차이에 대한 욕구"를 의미한다면, "완전한 만족이란 결코 있을 수 없고", 더 나아가 "욕구에 대한 정의도 있을 수 없다." 그 결과는 진정한 의미에서 욕구 자체의 사라짐이다. 사실 소비 자본주의의 인간들은 대상이 아니라 남의 욕구를 욕구한다. 욕구하는 게 대상이라면 그 욕구는 충족될 수 있겠지만, 욕구하는 게 차이라면 그것은 결코 충족될 수 없다. 상품의 차이로 표시되는 신분의 차이는 늘 새롭게 생산되고 소비되어야 하기 때문이다. 기호의 경제는 저 무의미한 차이의 놀이 속에서 '주체'마저 사라지게 만든다.

> "행복한 때에도 불행한 때에도 인간이 자신의 상과 마주 대하던 장소였던 거울은 현대의 질서에서는 사라지고, 그 대신에 쇼 윈도우가 출현했다. 거기에서는 개인이 자기 자신을 비춰보는 것이 아니라 대량의 기호화된 사물을 응시할 따름이며, 응시하는 것에 의해서 그는 사회적 지위 등을 의미하는 기호의 질서 속으로 흡수되어 버린다. … 소비의 주체는 개인이 아니라 기호의 질서이다."[46]

소비사회란 결국 '기호의 질서'가 '기호'를 소비하는 사회로, 거기서는 사용가치로서 객체는 물론이고 진정한 의미에서 욕구의 주체도 사라진다.

시뮬라크르의 세계

사실 자본주의 경제의 '가상적' 성격을 처음 지적한 것은 칼 마르크스였다. 그에 따르면, 교환가치를 위해 생산을 하는 이상, 자본주의 자체가 이미 가상성을 띤다. 사용가치, 예를 들어 쌀을 무한히 축적하려는 사람은 없다. 하지만 쌀을 교환가치, 즉 돈으로 바꾸어 놓으면 얘기가 달라진다. 돈이라면 다들 쓰고 죽지 못할 만큼 축적하려 한다. 실제로 필요한 것 이상으로 축적하고 싶어하는 그 만큼 그 욕망은 가상적인 것이다. 가상화의 경향은 후기 자본주의에 이르러 한층 더 심화한다. 보드리야르의 지적대로, 그곳에서는 상품의 가치가 그것의 물리적 특성이 아니라 아예 비물질적인 기호 기능에서 나오기 때문이다. 80년대에 보드리야르는 이 가상화 경향에 대한 관심을 상품의 영역에서 미디어의 세계로까지 확장시킨다. 이로써 그의 이론은 기호로 소비되는 상품에 관한 '정치경제학'에서 영상으로 빚어지는 세계에 관한 철학적 존재론으로 발전한다.

80년대 이후 보드리야르는 사회를 '영상'의 생산·교환·유통의 체계로 바라보기 시작한다. 정치경제학에서 출발한 이론적 관심이 기호학의 매개를 거쳐 마침내 매체철학에 도달한 것이다. 이 단계에서 중요한 역할을 한 것이 바로 '시뮬라크르'라는 개념이다. '시뮬라크르'simulcre는 '사이비'라는 뜻을 가진 그리스어 낱말로, 복제, 그것도 아주 특별한 복제를 가리킨다. 본디 복제는 원본의 존재를 전제하며 그것의 사본으로서만 의미를 갖는다. 하지만 시뮬라크르에게는 애초에 원본이 없거나, 설사 있어도 그것과 관계가 끊어져 있다. 한 마디로 '시뮬라크르'는 '원본과 관계없는 복제', '원본에서 자립한 복제', '원본 없는 복제', 다시 말하면 '순수 복제', '복제가능성 그 자체'다. 보드리야르는 복제가 원본에서 떨어져 나와 '시뮬라크르'로 자립하는 과정을 이렇게 기술한다.

1. 그것은 심원한 실재의 반영이다.
2. 그것은 심원한 실재를 가린다.
3. 그것은 심원한 실재의 부재를 감춘다.
4. 그것은 어떤 실재도 지시하지 않는, 자신의 순수한 시뮬라크르다.[47)]

처음에 복제는 실재의 반영으로 기능한다. 그러다가 서서히 자립화한다. 자립한 복제는 실재의 존재를 가리기 시작한다. 그럴수록 실재는 존재감을 잃어가다 사실상 사라지고 만다. 사라진 실재의 자리에 복제가 들어서고, 그로써 실재가 사라졌다는 사실조차 은폐된다. 이제 사람들은 그 복제를 실재로 여기기 시작하고, 그 결과 복제는 사실상 실재가 된다. 이렇게 시뮬라크르는 실재를 사라지게 하고, 사라진 실재의 자리에 자신을 데려다놓는다. 그것은 그저 실재를 대리하는 데에 그치지 않는다. 시뮬라크르는 그 자체가 새로운 실재가 된다.

이 논리적 순서는 실제로 역사적 순서이기도 했다. 보드리야르는 서구 '모던'의 역사를 크게 세 단계에 걸쳐 진행되는 시뮬라크르화化의 과정으로 설명한다. 첫 단계는 르네상스다. 이때 인간들은 예술적 솜씨로 되도록 실재와 똑같은 복제를 만들려 했다. 실물을 방불케 하는 재현을 얻기 위해 그들은 광학, 해부학, 원근법까지 동원했다. 이 시기에 예술은 '자연의 모방'으로 간주됐다. 둘째 단계는 산업혁명이다. 산업적 생산은 실재를 생산하되, 분업화, 합리화, 기계화 등 자연적 노동과는 닮지 않은 방식으로 그것을 대량 복제한다. 세계는 대량으로 찍어낸 이 복제들로 가득 차고, 자연은 그 뒤로 사라져 버린다. 세 번째 단계는 정보화와 더불어 시작된다. 이 시대의 경제는 실재와는 별로 관계가 없다. 오늘날 금융시장에서는 가상의 '클릭'으로 엄청난 액수의 재화가 국경을 넘나들고, 주식시장에서는 한 순에 시가총액 수 십 조가 증발하기도 한다.

시뮬라시옹의 저지전략

보드리야르의 미디어 철학에서 결정적 역할을 하는 것의 또 다른 개념은 '시뮬라시옹'이다. '시뮬라시옹'simulation은 글자 그대로 실제 세계 속의 과정이나 체계의 작동을 모방하는 가상의 실험을 말한다. 하지만 보드리야르가 말하는 '시뮬라시옹'은 일상에서 흔히 사용되는 '시뮬레이션'이라는 낱말과는 사뭇 다르다. '시뮬레이션'이 특정한 분야에서 이루어지는 제한적 모의실험이라면, '시뮬라시옹'은 전 지구적 규모로 자행되는 존재론적 날조의 원리다. 과거에 현실의 왜곡은 주로 개별 사건들을 날조하는 식으로 이루어졌다. 귄터 안더스는 한 걸음 더 나아가, 중요한 왜곡은 이미 어떤 사건을 보도하고, 어떤 것을 보도하지 않을지 결정할 때부터 시작된다고 말했다. 보드리야르에 따르면, 왜곡은 더 이상 개별적 사건의 수준에서 이루어지지 않는다. 오늘날 '시뮬라시옹'은 아예 세계 전체를 날조한다. <매트릭스>는 이 디스토피의 영화적 상징이다.

권력 자신을 유지하기 위해 세계 전체를 날조한다. 하지만 시뮬라시옹은 허구에 불과하기에, 그것이 은폐하는 실재로부터 늘 위협을 받는다. 컴퓨터 프로그램에 버그가 있듯이, 프로그래밍된 세계도 완전하지는 않아, 가끔 그 안으로 예기치 않게 실재세계의 요소가 침투한다. 이를 '돌발사태'라 하는데, 의도하지 않은 이 실재의 요소는, 아무리 작은 것이라도 그 존재로써 가상세계 전체를 의심에 부칠 수 있다. 때문에 시뮬라시옹은 자신을 유지하려면 이 우연성을 소리 없이 차단·제거해야 한다. 보드리야르는 이 '저지전략'의 예로, '워터게이트 사건'을 든다. 원래 이 사건은 '미국 민주주의'의 허구성을 폭로했어야 한다. 하지만 시뮬라시옹은 이 사건을 '권력의 본질'에 관한 사건이 아니라 한갓 '도덕적 스캔들'로 처리했다. 즉 모든 권력의 보편적 부패를 보여줬어야 할 사건이 졸지에 몇몇 권력자의 예외적 부패를 보여주는 사건으로 제시된 것이다.

> 워터게이트는 워터게이트 그 자체가 하나의 스캔들이었다는 생각을 주입하는 데 성공하였다. 이 점에서 이는 놀라운 정신적 중독 작전이었다. 세계적 차원에서 적당량의 정치도덕의 주입이 그것이다.[48)]

그 결과 우리의 기억 속에 워터게이트는 외려 '잘못하면 최고 권력자도 하야시키는' 미국 민주주의의 위대함의 상징으로 남아 있다. 시뮬라시옹의 저지전략은 이런 것이다. 보드리야르는 케네디 암살 사건도 같은 맥락에서 봐야 한다고 믿는다. 즉 케네디 암살은 권력이 자기 정당성을 유지하게 위해 연출한 모의살해라는 것이다.

> 권력은 존재와 정당성의 미광을 재발견하기 위하여 자기 자신의 살해를 연출할 수 있다. 미국 대통령들이 그렇다. 케네디 같은 사람은 그들이 아직도 정치적 중요성이 있었기 때문에 죽었다. 다른 사람들, 존슨, 닉슨, 포드 … 그들은 권력의 마네킹 밖에 되지 않음을 숨기기 위하여 이런 인위적 후광이 있어야 했다.[49)]

거의 '음모론'을 연상시키는 이 과장된 어법으로 보드리야르가 지적하는 것은 물론 서구 대의제 민주주의의 허구성이다. 흔히 우리는 선거로 권력을 선출할 수 있다고 믿는다. 하지만 사실을 말하자면, 권력은 결코 선출되지 않는다. 선거로 아무리 대통령을

갈아치워도 권력을 가진 이들은 늘 그 자리에 머물러 있기 때문이다. 국민이 선출하는 대통령이란 사실 "권력 마네킹" 밖에 되지 않는다. 이 불편한 진실을 감추기 위해 권력은 자기 살해를 연출한다. 한 마디로, 예수가 죽음으로써 인간이 영생을 얻었듯이, 케네디가 죽음으로써 권력도 영생을 얻는다는 것이다. 이는 "케네디의 머리를 관통한 총탄은 링컨의 가슴을 관통한 총알이었고, 그 이전에는 예수를 십자가에 달았던 못"이었다는 소설가 보르헤스의 말을 연상시킨다. 여기에서 그치는 게 아니다. 보르리야르에 따르면, 아예 미국이라는 사회 전체가 가상, 즉 거대한 규모의 디즈니랜드다.

> 디즈니랜드는 실제의 나라, 실제의 미국 전체가 디즈니랜드라는 사실을 감추기 위하여 거기에 있다. … 디즈니랜드의 상상세계는 참도 거짓도 아니고, 실재의 허구를 미리 역으로 재생하기 위하여 설치된 저지기계다. 그로부터 이 상상세계의 허약함과, 유치한 백치상이 나온다. 이 세계가 어린이티를 내려 하는 이유는, 어른들이란 다른 곳, 즉 실세의 세상에 있다고 믿게 하기 위해서이며, 어른들의 유치성 그 자체가 그들의 실제 유치성을 환상으로 돌리기 위하여 여기서 어린이 흉내를 낸다.[50)]

디즈니랜드는 제 존재로써 '여기가 허구이며 그 바깥은 실재'라고 말하며, 그로써 그 바깥의 미국 사회 자체가 실은 거대한 가상이라는 사실을 은폐한다는 것이다. 이 수사적 과장으로 보드리야르가 얘기하고자 하는 것은, 오늘날 세계가 거대한 가상으로 변해가고 있으며, 그 경향이 특히 미국에서 극단적으로 나타나고 있다는 것이리라. 미국은 유럽의 복제로 만들어졌으나, 그것의 위력은 외려 원본을 능가한다. 이 역전은 시뮬라크르의 운동 자체의 필연적 귀결이다. 앞에서 본 것처럼, 시뮬라크르는 복제로 출발하여, 자립적 가상이 된 후, 실재를 사라지게 하고 그 자리에 자신을 세운다. 흥미로운 것은, 그렇게 새로운 실재로 등극한 가상이 종종 실재보다 훨씬 더 실재적이라는 점이다. 이렇게 실재보다 더 강렬한 가상을 '초실재'hyper-reality라 부른다. 시뮬라시옹의 세계는 이렇게 실재보다 더 강렬한 초실재로 존재한다.

동일자의 무한증식

"이라크전은 발발하지 않았다." 1991년 1차 이라크전쟁을 보고 보드리야르는 이렇게 말했다. 한 마디로 고전적 의미의 전쟁은 사라졌다는 얘기다. 후세인은 전쟁을 하지 않고 제 병사들을 살육의 제물로 바쳤을 뿐이다.[51] 부시 역시 전쟁을 하지 않고 그저 남의 나라에 엄청난 양의 폭탄을 투하했을 뿐이다. 그리고 세계인들이 본 것은 전쟁 브리핑을 통해 공개된 전폭기 조종사의 모니터에 비친 영상뿐. 거기서 컴퓨터게임 이상의 실재성을 느끼기란 어렵다. 이렇게 전쟁은 사라졌다. 과거에 영상은 전쟁의 참혹한 현실을 드러내 보여주려 했다. 하지만 영상으로 현실을 고발하던 포토저널리즘의 영웅적 시대는 지났다. 오늘날 보도 영상은 외려 참혹한 현실을 감추고 나아가 아예 사라지게 만든다. CNN의 영상은 결코 폭격으로 절단된 신체, 불에 탄 시체를 보여주지 않는다. 그 결과 우리는 전쟁을 현실이 아니라 가상으로, 즉 거대한 컴퓨터 게임으로 체험하게 된다.

이렇게 가상이 곧 실재로 나타날 때, 참/거짓을 묻는 것 자체가 불가능해진다. 이는 존재론적으로 매우 심각한 결과를 낳는다. 가령 사본의 진위는 원본과의 일치 여부에 달려 있다. 하지만 원본이 존재하지 않는다면 사본의 진위도 가릴 수 없고, 사본이 사실상 원본으로 행세하게 되기 때문이다. 안더스 역시 실황중계에서는 모상Nachbild이 곧 원상Bild이 된다고 지적한 바 있다. 사건과 보도 사이에 시간차'nach'가 사라지기 때문이다. 이렇게 모상의 진위를 물을 수 없을 때, 보도는 곧 사실로 받아들여지고, 그 결과 현실은 미디어가 만든 거대한 매트릭스로 전락하게 된다. 안더스는 현실로 침입하는 매트릭스의 가상성을 폭로하려 한다. 그는 그것이 아직 가능하다고 믿었다. 하지만 보드리야르의 말대로 '실재'라는 것 자체가 이미 가상이라면, 가상의 가상성을 폭로하는 것은 더 이상 가능하지 않거나, 설사 가능하다 해도 별로 의미가 없을 것이다.

보드리야르가 '포스트모던의 사상가'라 불리는 것은 이 때문이다. '모던'은 차이를 생산하려 했다. 자본주의적 기업은 살아남기 위해 끝없이 기존의 상품과 차이가 나는 신제품을 내놔야 한다. 하지만 차이의 생산도 극한에 달하면 그 대립물로, 말하자면 동일자의 무한증식으로 진화하게 된다. 모든 것이 새로운 곳에서는 그 어느 것도 새로울 수 없다. 이것이 모던과 구별되는 포스트모던의 상황이다. 보드리야르가 현대사회의 본질을 가리키는 데에 '암세포'와 '클론'의 비유를 사용하는 것은 그 때문이다. 영화 <매트릭스>에 나오는 무한 증식하는 스미스 요원의 이미지는, 차이의 생산이 더 이상 새로움이 아니라 동일자의 무한증식으로 이어지는 현대사회의 악마성을 상징한다. 차이가 사라지면 개개의 가치들도 '내파implosion'한다. 이 무차별한 '가치의 황홀경' 속에서 역사적인 것, 정치적인 것, 사회적인 것, 계급적인 것도 종언을 고한다.

이 포스트모던한 상황의 예술적 표현을 제공해주는 것은 앤디 워홀이다. 동일자의 무한증식은 오늘날 우리가 마트의 진열대에서 일상적으로 보는 현상이다. 동시에 그것은 이 팝아티스트가 작품을 제작하는 방식이기도 했다. 워홀은 주로 캠벨 깡통, 브릴로 박스, 코카콜라 등 소비사회의 아이콘을 작품의 모티브로 취한 후, 같은 이미지를 한 작품 안에서 지루할 정도로 무한히 반복한다. 그의 작품에서 우리가 보는 것은 바로 '시뮬라크르의 자전'이다. 보드리야르는 현대미술이 모두 무가치하다고 본다. 즉 실제로는 무가치한 작품들이 예술계에 속한 사람들의 공모 때문에 터무니없이 고가에 팔리고 있다는 것이다. 이렇게 그는 미술계 자체도 일종의 시뮬라시옹으로 본다. 하지만 그렇게 현대미술에 혹평을 퍼부었던 보드리야르도 워홀만은 높이 평가했다. 이 팝아티스트가 자신이 생각하는 포스트모던의 이미지를 적절히 표현한다고 믿었기 때문이리라.

모던과 포스트모던

보드리야르는 자기의 논의를 주로 마셜 맥루언과 연결시킨다. 그러면서 정작 자신에게 가장 중요한 영감을 준 귄터 안더스에 대해 침묵하는 것은 다소 수상한 일이다. 사실 맥루언과 보드리야르의 사상은 성격이 많이 다르다. 맥루언이 미디어를 "인간의 확장"이라 본다면, 보드리야르는 거꾸로 인간을 "미디어의 확장"으로 간주한다. 맥루언의 시각이 아직 인간주의적이라면, 보드리야르의 그것은 이미 반인간주의적이다. 게다가 맥루언이 전자매체의 미래를 낙관한다면, 보드리야르는 미디어가 지배하는 사회를 카프카 소설의 세계처럼 헤어 나올 가망이 없는 음울한 디스토피아로 묘사한다. 미디어를 통해 인간이 자신의 한계를 극복하고 자신의 가능성을 확장한다고 믿는 점에서 맥루언은 '모던'한다. 반면 보드리야르는 그런 인간해방의 서사를 믿지 않는다는 점에서 '포스트모던'하다. 어떤 면으로 보든 보드리야르는 맥루언보다 안더스에 가깝다.

사실 귄터 안더스는 이미 1950년대에 보드리야르 사상의 가장 핵심적인 내용들을 선취한 바 있다. 일찍이 쇼펜하우어는 《의지와 표상으로서 세계》에서 우리가 사는 세계가 가상=표상에 불과하며, 실체는 그 베일 너머에 있는 '의지'라고 보았다. 안더스는 〈팬텀과 매트릭스로서 세계〉에서 세계는 '팬텀'에 불과하며, 실체는 그 베일 너머에 있는 '매트릭스'라고 말했다. 내가 아는 한 이것이 우리가 아는 '매트릭스'라는 말의 첫 용례다. 보드리야르는 세계는 '시뮬라크르'에 불과하며, 실체는 그 베일 너머에 있는 '시뮬라시옹'이라고 주장한다. 안더스의 영향은 디테일에서도 발견된다. 예를 들어 보드리야르는 자신의 저서에서 '라우드가家'의 일상을 담은 리얼리티 쇼에 대해 얘기한다. 안더스는 미디어의 노출증에 시청자의 관음증이 호응한다고 말한 바 있다. 공교롭게도 보드리야르가 언급한 리얼리티 쇼에서는 이 두 가지, 즉 미디어의 노출증과 시청자의 관음증이 하나로 결합된다.

사실 《시뮬라크르와 시뮬라시옹》은 〈팬텀과 매트릭스로서 세계〉를 디지털 버전으로 고쳐 썼다고 해도 과언이 아니다. 물론 보드리야르가 그저 안더스의 사상을 답습하는 데에 그친 것은 아니다. 미디어에 관한 보드리야르의 사상은 안더스의 그것보다 훨씬 급진적이기 때문이다. 예를 들어 안더스는 <매트릭스> 1편에 나오는 네오처럼 가상에 맞서 싸우려 한다. 가상의 가상성을 폭로함으로써 대중을 매트릭스 세계에서 구해야 한다는 것이다. 이렇게 그의 기획은 여전히 계몽주의적이다. 하지만 보드리야르에게 그 싸움은 무의미하다. 이미 실재가 사라졌기 때문이다. 우리가 실재라고 부르는 것 자체가 이미 가상이라면, 더 이상 모던의 기획은 유효하지 않다. 보드리야르가 보는 세계는 <매트릭스> 속편에 나오는 상황과 유사하다. 거기서는 네오의 해방투쟁 자체가 이미 프로그래밍 된 가상으로 나타난다. 보드리야르의 세계는 이미 포스트모던하다.

이 맥락에서 그가 70년대에 엔첸스버거와 가진 논쟁은 매우 상징적 의미를 갖는다. 엔첸스버거는 마르크스주의의 관점에 서서 미디어의 억압적 기능을 해방적 기능으로 바꿔놓을 것을 주장한다. 매스미디어가 이데올로기-기계로 악용되는 것은 그것의 일방적 성격 때문이므로, 미디어를 해방적 기구로 만들려면 그것의 성격을 바꾸어 놓아야 한다는 것이다. 엔첸스버거에 따르면 "가령 텔레비전을 대화적으로 만들어 민주적 채널로 바꾸어 놓는 데에는 기술적으로 문제가 될 게 거의 없다." 하지만 보드리야르는 그것은 "결코 기술적인 문제가 아니"라고 그의 주장을 반박한다. 즉 기술적으로 인터랙션을 보장한다고 소통이 이루어지는 것은 아니라는 것이다. 매스미디어의 문제는 우리로 하여금 말을 못하게 하는 데에 있는 게 아니라, 우리가 아무리 말을 해도 아예 대답이 없다는 데에 있다.[52] 보드리야르에게 미디어를 민주화하려는 기획은 가망도, 의미도 없는 일이다.

보드리야르는 이렇게 급진적이다. 그는 아예 미디어 비판 자체를 해체해 버린다. 그 앞에서는 미디어의 가상으로부터 인간을 해방시킨다는 계몽의 기획마저 소박한 환상으로 간주된다. 하지만 지나친 급진주의는 실천적 보수주의로 귀결되기 마련이다. 예를 들어 가상과 실재, 현실과 재현의 구별이 '내파'되어 시뮬라시옹에 저항하는 것 자체가 무의미하다고 말할 때, 남는 것은 묵시론적 체념뿐이다. 또 동일자의 무한증식 속에서 가치의 황홀경이 찾아오고, 그 안에서 정치, 사회, 계급과 같은 범주들마저 '내파'되었다고 말할 때, 남는 것은 그 어떤 일에도 분노하거나 저항하지 않는 무차별하고 무관심하고 냉담한 대중뿐이다. 결국 그는 현상 status quo을 있는 그대로 받아들이는 정치적 순응주의를 형이상학적으로 정당화하고 있는지도 모른다. 때문에 포스트모던의 다른 사상가들처럼 그 역시 '급진적 수사로 위장한 결과적 보수주의자'라는 비난을 받는다.

보드리야르의 사상은 종종 니체주의와 연관되곤 한다. 하지만 내가 보기에 보드리야르의 사상은 외려 플라톤주의적이다. 니체처럼 그 역시 가상과 실재의 구별을 지워버리려 한다. 하지만 그 일은 하는 순간에도 여전히 그는 '가상과 실재의 구별'이라는 플라톤주의적 프레임에 물론 부정적 방식으로 의존한다. 그의 세계관에서도 허무주의적 분위기가 느껴진다. 하지만 그것은 니체의 '창조적 허무주의'와는 관계가 없다. 그의 허무주의는 외려 플라톤주의 기획의 좌절에서 흘러나오는 음울함에 가깝다. 또 그는 여전히 이미지를 '시뮬라크르', 즉 복제로 바라보나, 오늘날 이미지는 '복제'에서 '생성'으로 그 성격을 바꾸고 있다. 앞으로 다가올 세계는 '원본-복제'라는 플라톤의 용어보다는 생성-창조'라는 니체의 용어로 더 잘 설명될지도 모른다. 가상을 '이미 있는 것의 복제'로만 볼 필요는 없다. 그것은 '아직 없는 것의 생성'일 수도 있기 때문이다.

07

디지털 가상

빌렘 플루서
Vilem Flusser

안더스는 가상을 실재를 위협하는 '허위'로 보았다. 보드리야르에게도 '가상'은 여전히 실재를 감추는 가짜로 여겨진다. 시뮬라시옹은 심원한 실재를 감추어 사라지게 만들고, 그 자리에 자신을 새로운 실재로 세운다. 그리하여 우리가 '실재'라 부르는 자체가 이미 가상이라는 것이다. 여기에서도 '가상'이란 말은 여전히 부정적 뉘앙스를 띤다. 실재가 사라졌다고 말하는 순간에도 보드리야르는 이렇게 플라톤주의자로 남는다. 하지만 가상을 무조건 가짜로 볼 필요는 없다. 그와는 다른 규정도 얼마든지 가능하기 때문이다. 실제로 철학자 니체는 우리에게 가상의 새로운 정의를 제공한다. 즉 가상이란 이미 있는 것의 '복제'가 아니라, 아직 없는 것의 '실현'이라는 것이다. 이렇게 플라톤 대신에 니체를 취할 때, 미디어 가상은 현실의 불완전한 복제가 아닌, 뭔가 새로운 것으로 나타날지도 모른다. 이것이 플루서가 '디지털 가상'에 접근하는 방식이다.

상징형식으로서 세계

사실 플라톤에서 헤겔에 이르기까지 철학의 주류는 가상의 존재를 부정해 왔다. 설사 필요한 것일지라도, 가상적인 것·매개적인 것은 참된 존재에 이르는 과정에서 결국 '지양'되어야 할 어떤 것으로 여겨졌다. 이들과는 반대로 니체는 가상의 권리를 긍정한다. 그에게는 매체성Medialität 자체가 실존성Existential의 조건이다. 즉 인간은 가상적인 것·인공적인 것을 만들 때 비로소 참되게 존재한다는 것이다. 플루서 역시 인간이 인간으로 존재하려면 인공적 세계를 만들어야 한다고 믿는다. 즉 인간은 세계 속에 존재하기 위해 끝없이 무질서 속에in 특정한 형form을 집어넣어야 한다. 그 결과로 생성되는 형상을 우리는 '정보'information라 부른다. 여기서 플루서는 정보를 질서와 동일시한다. 이렇게 정보를 네그엔트로피로 정의하는 것은 노베르트 위너의 용례를 따른 것이다. 사이버네틱스의 또 다른 개척자 클로드 섀넌은 정보를 엔트로피와 동일시했다.

인간이 끝없이 정보를 생산하려 하는 데에는 이유가 있다. 열역학 제2법칙에 따르면, 자연현상은 엔트로피가 증대하는 방향으로 변화한다. 즉 자연의 변화는 언제나 무질서가 늘어나는 쪽으로 이루어진다. 인간도 우주의 이 보편적 운명에서 자유로울 수 없다. 즉 우리 자신도 언젠가는 죽어서 미세한 입자로 돌아갈 것이며, 자연 속의 다른 입자들과 뒤섞여 거대한 무질서의 일부가 될 것이다. 인간이 끝없이 정보information를 생산하는 것은 이 때문이다. 즉 무질서 속에in 형form을 집어넣을 때, 인간은 그로써 자연을 거역하고 죽음에 저항하고 있는 것이다. 플루서에 따르면 바로 그 반역과 저항을 통해 인간은 비로소 인간다워진다고 한다. "인간을 네그엔트로피의 경향으로 정의할 때, 비로소 인간은 처음으로 진짜 인간, 즉 정보를 다루는 자가 된다."[53] 정보이론으로 해석된 이 실존철학이 그의 커뮤니케이션 사상, 이른바 '코뮤니콜로기' Kommunikologie의 핵심을 이룬다.

세계 속에서 인간이 하는 활동이란 결국 "죽음을 선고 받은 자들의 인공적 개입"일 뿐이다. 인간은 자신이 만든 인공적 현실을 매개로 자연과 관계하게 된다. 인간과 자연을 매개하는 인공적 현실이란 석기시대에 동굴벽화로 그려진 주술의 세계일 수도 있고, 역사시대에 글자로 쓰인 책의 우주일 수도 있고, 이 시대에 코드로 프로그래밍 한 미디어 가상의 세계일 수도 있다. 즉 그것은 그림이나 문자로 코딩 된 세계, 즉 카시러가 말한 '상징형식'symbolische Form에 따라 표상된 세계를 가리킨다. 플루서에 따르면 인간은 이렇게 늘 인공의 현실, 즉 상징기호으로 코딩 한 가상의 세계에서 살아 왔다. 아득한 옛날에는 그림으로 상상한 세계에 살았고, 그 뒤로는 글자로 기록한 세계에 살았으며, 지금은 문자숫자 코드로 제작한 디지털 가상 속에서 살아가고 있다는 것이다. 이것이 그의 미디어 철학의 둘째 요소인 '기술적 형상'Techno-bild의 이론이다.

인간이 자연 그대로 살지 못하고 "코딩된 세계"를 구축하는 것은, 물론 상징형식을 통해 무의미한 세계에 의미를 부여하고, 그로써 예고된 죽음을 거부하는 실존적 활동이다. 상징이나 코드는 공유되는 것이기에 이 과정에서 인간은 타인과 소통하게 되고, 그 결과 코딩된 인공의 세계는 동시에 "타인들과의 공존재의 세계"가 된다. 이는 하이데거에게 현존재Dasein가 곧 공존재Mitsein였던 것이나 마찬가지다. 플루서는 인간들 사이의 소통을 크게 '담론'과 '대화'의 두 유형으로 구별한다. '담론'은 고대의 원형극장처럼 일점송신의 일방적 소통을 가리키고, '대화'는 네트워크의 형태로 이루어지는 쌍방향의 민주적 소통을 가리킨다. 플루서는 매스미디어를 지배하는 담론형 소통을 디지털 테크놀로지를 이용해 '대화의 네트워크'로 전환 코딩할 것을 주장한다. 이것이 그의 미디어 철학의 세 번째 요소인 '텔레마틱Telematik 사회'의 구상이다.

가상이란 무엇인가

플루서의 긴 여정은 짧은 물음에서 출발한다. "왜 우리는 '가상'을 불신하는가?" 우리는 이 물음에 대한 고전적 답변을 이미 안다. 즉 가상은 존재론적으로 열등하며 인식론적으로 기만이라는 것이다. 가상에 대한 이 뿌리 깊은 불신은 실은 "예술"Kunst, 혹은 일체의 "인공적인 것"Künstliches에 대한 불신에서 나온다. '가상'Schein이라는 말은 '아름답다'schön는 말과 어원이 같다. 즉 가상이라는 말 속에 이미 "예술은 아름답지만 거짓"이라는 뜻이 함축되어 있는 셈이다. 플라톤이 당대의 예술가들을 비난한 것은 그 때문이다.

철학은 사람들을 가상에서 끌어내어 참된 실재로 이끌려 하나, 예술은 참된 실재의 가상을 만들어 사람들을 현혹시킨다는 것이다. '가상은 짝퉁이며 거짓이다.' 플라톤 시절로부터 내려오는 이 상투적 답변을 소개한 후 플루서는 곧바로 도발적 질문을 던진다.

> "가상이 기만을 한다면, 이 세상에 기만하지 않는 것도 있단 말인가?"[54)]

사실 현실과 가상의 경계는 그리 뚜렷한 게 아니다. 예를 들어 우리가 현실이라 부르는 것을 정작 플라톤은 가상으로 보았다. 그에게 진정한 실재는 하늘의 이데아 세계이고, 현실은 그것의 그림자일 뿐이었다. 실제로 그는 유명한 '동굴의 비유'에서 현실의 체험을 오늘날의 영화관 체험과 비슷한 것으로 설명한 바 있다. 현실을 가상이라 부른 것은 그가 관념론자였기 때문이라고 반박할지 모르겠다. 그렇다면 유물론자는 어떨까? 흥미롭게도 대표적 유물론자인 데모크리토스 역시 현실을 가상이라고 보았다. 데모크리투스에 따르면, 우리의 눈에 비치는 모든 것이 실은 허깨비에 불과하다. 그렇다면 그 가상들 너머의 진정한 실재란 무엇인가? 이 물음에 대한 그의 대답은 놀라울 정도로 현대적이다. 즉, 그것은 '원자'라는 것이다. 데모크리투스에게 우리가 생각하는 '현실'이란 원자의 배열이 감각기관에 일으키는 현란한 가상의 잔치에 불과했다.

플라톤과 데모크리투스는 '가상'을 바라보는 상반된 두 개의 시각을 대표한다. 플라톤에게 '가상'은 이미 존재하는 원상의 '모방', 혹은 '재현'이다. 반면 데모크리투스에게는 이 세상에 모방이나 재현해야 할 원상 따위는 존재하지 않는다. 그에게 '가상'이란 이제 비로소 생성되어야 할 어떤 것을 의미한다. 원상의 모상이 아니기에 데모크리투스의 가상은 그 자체로서 원상이 된다. 가상을 바라보는 두 개의 상반된 시각은 두 개의 상이한 이론적 패러다임을 함축한다. 안더스의 미디어 철학은 이 중에서 플라톤주의 패러다임 위에 서 있다고 할 수 있다. 그에게 중요한 것은 플라톤처럼 실재와 가상, 진리와 허위를 가리는 것이기 때문이다. 보드리야르도 다르지 않다. 그는 원본 없는 복제를 얘기하나, '복제'의 개념 자체가 원본을 전제하기에, 그 역시 플라톤주의 지평을 완전히 떠날 수 없다. 그는 플라톤주의 안에 머물며 그것을 안에서부터 붕괴시킨다.

여기서 플라톤에서 헤겔로 이어지는 노선과 별도로 데모크리투스에서 니체로 이어지는 또 하나의 노선을 생각할 수 있을 것이다. 만약에 닮아야 할 원본=이데아이 없다면, '가상'은 그 어떤 것의 '복제'나 '모방'이나 '재현'일 수 없다. 때문에 데모크리투스의 가상은 그 자체로서 새로운 현실이 된다. 나아가 참조할 원본이 없다면, 그 가상은 원본과의 일치라는 의미에서 '진리'일 수 없고, 또 그럴 필요도 없다. 이 경우 남는 것은 원본과 일치해야 할 의무에서 벗어나 자유로이 가상=현실을 제작하는 창조적 활동뿐이다. '진리-의지'Wille zur Wahrheit를 강조하는 플라톤-헤겔의 노선과 달리, 데모크리투스-니체의 노선은 이렇게 '가상-의지'Wille zum Schein

로 추동된다. 플루서의 사상은 물론 이중 후자에 속한다. 플루서에게 '가상'은 더 이상 의심해야 할 허위가 아니다. 그저 '예술'의 의지를 가지고 창조해야 할 새로운 현실일 뿐이다.

> 이렇게 모든 것이 기만한다면, 모든 것이 디지털 가상이라면--컴퓨터 모니터 위의 합성영상 뿐 아니라 이 자판과, 자판을 두드리는 손가락과, 손가락을 통해 표현되는 생각까지 모두 디지털 가상이라면--그렇다면 가상이라는 말은 의미를 잃게 될 것이다.[55)]

자연에서 인공으로

앞에서 말했듯이 '가상'에 대한 불신은 결국 '인공'에 대한 불신이다. 사실 인간은 아주 오래 전부터 자연에서 벗어나려고 노력해왔다. 즉, 신석기인들이 숲을 농경지로 바꾸고, 청동기인들이 평지에 운하를 건설했을 때부터 이미 인간은 '주어진 것'Datum을 '만들어진 것'Factum으로 바꾸어 놓으며 살아온 셈이다. 그럼에도 인간은 인공을, 즉 제 손으로 만든 것을 불신해 왔다. 심지어 자연을 벗어나는 것 자체를 '타락'으로, 즉 '원죄'라는 이름의 유적類的 범죄라 생각하기도 했다. 바벨탑 이야기는 아마도 그 죄책감의 신화적 표현이리라. '인공적인 것'에 대한 이 뿌리 깊은 불신 때문일까? 인간들은 인공적인 것을 만들어 창조의 질서를 어지럽히기보다는 모든 것을 신의 창조하신 그대로 보존하며 살려 했다. 심지어 존재하지 않는 세계를 '창조'할 때에도 마음속으로는 그것이 그저 이미 존재하는 신의 설계를 '모방'하는 것이라 믿었다.

예를 들어 중세의 구두 장인들은 자신들이 구두의 형을 제작한다고 생각하지 않았다. 저 하늘 어딘가에 신이 지으신 구두의 이상형이 있고, 자신들은 그저 그것을 본뜰 뿐이라고 믿었기 때문이다. 저 하늘 어딘가에 존재한다는 구두의 이데아는 물론 육안이 아니라 심안에만 보인다. 정신의 눈으로 이 초감각적 원형을 바라보는 것을 철학에서는 '관조'theoria라 부른다. 중세의 사회적 분업 속에서 이데아를 '관조'하는 일은 정신노동을 담당한 성직자들에게 돌아갔다. 그리고 그들의 지시에 따라 제작을 실행praxis하는 것은 육체노동을 담당한 장인들의 몫이었다. 그 시대에도 사물의 형을 고안한 것은 물론 장인들이었다. 하지만 그들은 자신들이 고안한 물건의 꼴이 그에 앞서 존재하는 신적 설계, 즉 어떤 정신적 원상의 모방, 복제, 혹은 재현이라 생각했다. 이 관념은 르네상스에 들어와 시장을 위한 생산이 시작되면서 비로소 바뀌기 시작한다.

주문생산을 하던 시절에는 성직자들이 장인들이 만든 물건의 값을 매겼다. 그때 구두의 가격은 천상의 원형, 즉 성직자들이 생각하는 이상적 구두의 관념과 얼마나 일치하느냐에 따라 결정됐다. 하지만 르네상스 시대에 시장을 위한 생산이 시작되면서 상황이 근본적으로 바뀐다. 수요와 공급에 따라 가격이 결정되는 시장에서 장인들은 당연히 주문자 대신에 소비자의 요구에 따르게 된다. 교회의 성직자들이 물건의 형태를 '사전에' 주문했다면, 시장의 소비자들은 이미 완성된 형태를 '사후에' 선택할 뿐이다. 이때부터 비로소 장인들은 자기가 제작한 물건이 그 어떤 원형의 '모방'이 아니라 저 자신의 '창안'의 산물이라 생각하게 된다. 즉 자신들이 모상이 아니라 원상을 만드는 사람이라는 의식을 갖게 된 것이다. 이 변화가 갖는 의미는 매우 지대하다. 바로 그 자의식과 더불어 중세의 장인이 오늘날과 같은 의미의 '디자이너'로 변모하기 때문이다.

늦어도 청동기 시대부터 인간은 자연을 인공으로, 주어진 것을 만들어진 것으로 대체하며 살아 왔다. 그러면서도 그는 자신이 그저 자연의 '모상'Abbild을 뜰 뿐이라 믿어왔다. 하지만 르네상스 이후에 그는 자신이 이미 있는 것을 모방하는 게 아니라 아직 없는 것을 '설계'Entwurf하고 있다고 믿게 된다. 르네상스 이후 성직자가 담당하던 '관조'Theoria는 신학적 성격을 잃고 대학이나 기업의 연구소에 들어와 '이론'Theorie이 된다. 이론은 더 세속화하여 산업혁명 이후에는 생산의 노하우, 즉 인공적인 것의 제작기술이 된다. 이렇게 세계는 근대에 들어와 다툼에서 팍툼으로 결정적으로 변모했다. 하지만 그 변화의 절정을 이루는 것은 디지털 혁명일 것이다. 디지털은 가상제작의 최종적 기술이기 때문이다. 플루서는 인간이 자연에서 벗어나 이 궁극의 상태에 도달하는 과정을, 헤겔의 '정신현상학'을 방불케 하는 장쾌한 필치로 묘사한다.

실존과 소외

철학에서 '실존'Existenz이라는 말은 '존재'Sein와는 다른 의미로 사용된다. 즉 '존재'가 원재료 상태로 그냥 있는 것을 가리킨다면, '실존'은 어떤 것이 자신의 잠재력을 충분히 발현하며 존재하는 것을 가리킨다. 원래 그 말은 '바깥에'Ek+'서있다'sistens는 뜻을 갖는다. 그렇다면 무엇의 바깥인가? 플루서에 따르면, 자연의 바깥이다. 다시 말해, 인간은 자연의 바깥으로 나옴으로써 비로소 실존, 즉 진정으로 인간답게 존재하게 된다는 것이다. 한때 인간은 어머니 자연의 품속에서 그것의 일부로 살았다. 하지만 자연의 바깥으로 나온 이상 이제 그는 자연을 자신에게 낯선 힘으로 의식하며 그것과 싸우면서 살아야 한다. 이렇게 자연과 인간의 관계가 낯설어진 상태를 철학에서는 '소외'Entfremdung라 부른다. 플루서는 그 이후로 펼쳐지는 인류의 역사를, 미디어라는 중개자를 이용해 자연과 인간 사이의 이 낯섦을 극복하는 과정으로 묘사한다.

그 낯섦을 극복하기 위해 인간은 자신과 자연 사이에 먼저 '이미지'를 끼워 넣었다. 가령 빌렌도르프의 비너스나 알타미라의 동굴벽화를 생각해 보라. 아직 과학이나 기술이 없었던 시절, 자연을 통제하는 유일한 길은 자연의 모상을 만드는 것이었다. 자연은 통제할 수 없더라도, 그것의 모상은 인간이 만든 것이기에 얼마든지 통제할 수 있다. 선사인들은 모상을 만들어 통제함으로써 그것이 모사하는 현실 자체를 통제할 수 있다고 믿었다. 즉 풍만한 여인의 조각상을 만들면 실제로 많은 아이가 태어날 것이며, 동굴의 벽에 들짐승들을 그리면 실제로 더 많은 짐승이 잡힐 것이라 믿었다. 이를 '주술'이라고 한다. 주술적 의식에서는 가상과 현실의 경계가 존재하지 않는다. 거기서는 가상의 원인이 곧 현실의 결과로 이어진다. 이렇게 가상과 현실을 넘나드는 능력을 '상상력'이라 부른다. 그런 의미에서 선사인의 상징형식을 '주술적 상상력'으로 규정할 수 있을 것이다.

주술은 문제의 현실적 해결이 아니라 그것의 상상적 해결일 뿐이다. 반복된 시행을 통해 인간은 어느 시점에선가 주술의 무용함을 깨닫게 된다. 이미지가 실패하면서 새로운 매체가 필요해진다. 인간은 이제 자연과 자신의 사이에 대신 텍스트를 끼워 넣기로 한다. 세계를 이미지로 '표상'하는 대신에 세계를 텍스트로 '기술'하게 된 것이다. 문자의 도입과 함께 이른바 '역사'도 시작된다. 선사인이 세계를 공간적 이미지로 표상했다. 역사인들은 그 이미지를 선형적 텍스트로 풀어내는 가운데 '역사주의'라는 시간의식을 갖게 된다. 이미지 대신 텍스트를 사용한다는 것은 자연에 대해 이미지를 사용하던 시절과는 완전히 다른 태도를 취하는 것을 의미한다. 즉 선사인들이 상상력으로써 자연과 주술적 관계를 맺었다면, 역사인들은 이성의 힘으로 세계와 기술적 관계를 맺는다. 그런 의미에서 역사시대의 상징형식을 '기술적 이성'으로 규정할 수 있을 것이다.

텍스트는 두 개의 이질적 요소로 이루어진다. 문자와 숫자가 그것이다. 문자문화에서는 늘 그 둘의 병행코드, 즉 '문자숫자코드' alpha-numerische Kode가 사용된다. 고대와 중세의 학자들은 세계를 주로 '문자'로 기술했다. 실제로 세계의 기술記述은 그것으로 충분하기 때문이다. 하지만 세계를 변혁하려 할 때에는 사정이 다르다. 근대 혁명적 장인들은 세계를 바꾸는 모형의 제작에는 문자보다 숫자가 더 적합함을 알게 된다. 이것이 의미하는 바는, 자연을 정복하려면 우선 문자로 기록한 세계를 다시 숫자로 번역해야 한다는 것이다. 그렇게 자연을 수학화하려 할 때 제일 먼저 부딪힌 문제는 바로 자연의 연속성과 수의 불연속성 사이의 모순을 극복하는 것이다. 이 난제를 해결해준 것이 바로 뉴튼과 라이프니츠의 미적분이다. 17세기에 이르러 자연의 현상이나 과정들을 미분방정식으로 기술할 수 있게 되자, 이제 자연은 거대한 수학책으로 여겨지기 시작한다.

하지만 자연의 수학화는 오랫동안 순수 이론적 가능성으로만 존재해야 했다. 그 계산의 복잡함 때문에 미분 방적식은 실생활에는 거의 응용이 불가능했기 때문이다. 그 결과 인간은 자신이 아는 있는 지식을 아직 권력으로 전환할 수가 없었다. 17세기에 파스칼, 라이프니츠와 같은 철학자, 혹은 수학자들이 기계식 계산기의 발명에 매달린 것은 바로 그 때문이다. 물론 무한히 복잡한 방정식의 계산을 수동식 계산기로 처리하기란 애초에 불가능했다. 그 때문에 인간은 미적분을 발명해 놓고도 아주 오랫동안 "전지하나 아직은 전능하지 못한" 상태로 살아야 했다. 이 답답한 상태에 본질적인 변화가 생기는 것은, 각종 연산을 빛의 속도로 처리하는 새로운 유형의 계산기가 등장하면서부터다. 20세기 중반 컴퓨터가 등장하면서 17세기에 마련된 자연정복의 이론적 가능성은 비로소 실천적 가능성으로 전화한다. 인간이 마침내 전지하면서 동시에 전능할 수 있게 된 것이다.

그럴 즈음에 텍스트 문명의 위기가 시작된다. 세계와 인간을 텍스트로 매개하던 시절에는 책이 곧 세계였다. 그 시절에는 책을 읽으면 세계를 알 수 있다고들 생각했다. 하지만 요즘 사람들은 '책이 알려주는 것은 세계가 아니라 세계에 대한 저자의 견해'라고 믿는다. 즉 도스토프예프스키를 읽고 우리가 알 수 있는 것은 현대인의 심리가 아니라 도스토예프스키의 심리라는 것이다. 자연과학에서도 상황은 다르지 않다. 과거에 과학은 자연의 참된 모상Abbild으로 여겨졌다. 그리하여 과학을 이해하면 자연의 본질을 인식할 수 있다고 믿었다. 하지만 오늘날 그 믿음은 깨졌다. 오늘날 과학은 이론의 '투사'Projektion로 여겨진다. 즉, 과학이 제시하는 세계상은 자연을 있는 그대로 모사한 '모상'이 아니라, 우리가 구성해 자연에 투사한 '모형'Model에 불과하다는 것이다. 모형이란 실천적 필요에 따라 얼마든지 수정되거나 교체될 수 있는 것이다.

결국 텍스트도 세계와 인간을 매개하는 데에 실패했다. 선사의 영상문화를 한갓 미신으로 몰아 축출했던 문자문화 역시 또 다른 미신으로 드러났다. 선사인들이 이미지를 현실로 착각하는 '우상숭배'Idolatrie에 빠져 있었다면, 역사시대의 인간들은 텍스트를 현실로 착각하는 '문헌숭배'Textolatrie에 빠져 있었던 것이다.[56] 이로써 세계와 인간의 사이는 다시 낯설어진다. 이 낯섦을 극복하고 텍스트를 다시 표상가능하게 만들기 위해 등장한 것이 바로 디지털 가상이다. 점으로 이루어진 이 새로운 가상과 함께 한때 텍스트에 밀려났던 영상문화가 새로이 시작된다. 이를 제2차 영상문화라 부른다. 여기서 잠깐 그 동안 인류가 걸어온 길을 되돌아보자. 3차원 조각상에서 출발한 인간은 2차원의 벽화와 1차원의 텍스트를 거쳐 마침내 0차원의 점, 즉 미세한 입자들로 가상을 제작하는 단계에 이르렀다. 인간의 상징형식은 이처럼 시간의 흐름과 더불어 점점 더 추상적인 것으로 진화해왔다.

비트에서 원자로

이제 남은 것은 '텍스트가 실패한 일을 어떻게 이미지가 할 수 있냐?'는 물음이다. 플루서는 이에 대해 명시적 언급을 남기지 않았지만, 여러 언급을 토대로 물음에 대한 답변을 재구성할 수 있을 것이다. 먼저 플루서가 말하는 '점'이 무엇인지 분명히 해둘 필요가 있다. 그가 말하는 '점'은 비트로서 '픽셀'만이 아니라, 물리학의 '미립자', 뇌 과학의 '뉴런', 생물학의 '유전자' 등 존재의 최소단위들을 가리킨다. 나노 수준의 공학적 조작도 거기에 속할 것이다. 그 동안 과학의 연구대상은 점점 작아져 더 나눌 수 없는 최소단위에 도달했다. 생물학은 동식물에서 세포를 거쳐 DNA에 도달했고, 물리학은 대상에서 원자를 거쳐 이제 미립자를 연구하고 있다. 인문과학도 마찬가지다. 언어학에서는 현상이 음소로, 심리학에서는 행위소로, 민속학에서는 문화소로 분해된다. 가장 최근에는 리차드 도킨스가 문화현상을 '모방소'(meme)로 분해한 바 있다.

이렇게 과학의 연구단위와 기술의 조작단위가 존재의 생성단위와 일치할 때, 그 기술은 글자 그대로 창세기적 기술이 된다. 예를 들어 '스너피'는 '복제'라고 하나, 개의 사진이나 개의 그림이 아니라, 그 자체가 개다. 플루서가 말하는 디지털 가상은 그저 모니터 위나 홀로그램의 영상만이 아니라, 미립자의 합성으로 만들어지는 일체의 사물을 가리킨다. 플라톤과 데모크리투스를 인용하는 데서 짐작할 수 있듯이, 플루서는 가상과 현실 사이의 존재론적 단절을 인정하지 않는다. 그에게 가상과 현실의 차이란 그저 양적 차이, 즉 해상도의 차이, 혹은 집적된 입자들의 밀도 차이에 불과하다. 그리고 테크놀로지가 발전함에 따라 그 간극은 점점 좁아질 것이다. 플루서는 그때가 되면 가상은 현실만큼 실재적이고, 현실은 가상만큼 비실재적으로 여겨질 것이라 예언한다. "대안적 세계는 주어진 세계만큼 실재적이고, 주어진 세계는 대안적 세계만큼 유령스러울 것이다."[57]

이 모든 것은 물론 컴퓨터의 도움으로 가능했다. 컴퓨터는 그저 계산기가 아니다. 그것은 세계의 모든 것을 비트로 분석analysieren할 뿐 아니라 그것들을 다시 합성synthetisieren할 수 있는 제작의 도구다. 컴퓨터가 분석하고 합성하는 것은 물론 비트에 불과하나,

비트와 실물의 경계는 이미 희미해지고 있다. 과학에서 행하는 실험이나 조작은 종종 컴퓨터 시뮬레이션으로 대체된다. 한때는 시뮬레이션‘원자에서 비트로’이 디지털문명의 상징으로 통했으나, 최근에는 외려 반대의 움직임‘비트에서 원자’이 두드러지고 있다. 가상의 정보를 물리적 객체로 바꾸어 주는 3D 프린터를 생각해 보라. 아직 아날로그 수준에 불과하나 ‘비트를 원자로’ 바꿔주는 이 기술 덕에 우리는 자판을 두드려 실물을 출력할 수 있게 됐다. 가령 A, T, G, C 네 글자로 문자열을 타이핑한 후 버튼을 누르라. 그러면 프린터가 잉크처럼 아데닌A, 티민T, 구아닌G-시토신C 네 효소를 쏘아 유전자 염기서열을 찍어내고, 출력된 염기서열은 살아 있는 세포에 이식될 것이다.

다시 앞의 물음으로 돌아가 보자. 어떻게 이미지로 세계와 인간을 화해시킬 수 있는가? 이미 이미지는 그 둘을 매개하는 데에 한 번 실패한 적이 있지 않은가? 이 물음에 대한 해답은, 우리의 이미지가 선사의 주술적 형상과는 전혀 다른 성격을 갖는다는 데에 있다. 즉 우리의 것은 테크놀로지로 빚은 ‘기술적 형상’Techno-Bild으로, 그 자체로 현실인 가상이다. 그 가상을, 아니 그 현실을 인간이 만들었다. 그 현실, 즉 그 세계는 인간이 제작한 것이다. 과거에는 세계가 신의 손에 만들어져 인간에게 주어진 것Datum으로 여겨졌다. 하지만 우리가 사는 이 세계는 인공적으로 만들어진 것Factum이다. 세계 자체가 우리 자신의 산물이라면, 그 세계와 우리 사이에 낯섦이란 더 이상 존재할 수 없다. 그리하여 디지털 가상 속에서 인간과 세계는 궁극적 화해에 도달한다. 전통철학의 용어를 빌자면, 둘은 '주객동일성'主客同一性에 도달한다.

주체에서 기획으로

미디어는 세계와 인간을 매개하면서 동시에 그 두 상관자를 변화시키기 마련이다. 그렇다면 디지털 테크놀로지는 그 동안 세계와 인간을 각각 어떻게 변화시켰을까? 여기서 플루서 이론의 두 가지 핵심주제가 얻어진다. 바로 디지털의 '존재론'Ontologie과 디지털의 '인간학'Anthropologie이다. 플루서의 디지털 철학은 플라톤에서 헤겔로 이어지는 전통적 형이상학과는 구별되는 새로운 존재론을 함축하고 있다. 즉, 세계는 오래 전부터 '주어진 것'Datum에서 '만들어진 것'Faktum으로 변모해 왔으며, 디지털과 더불어 그 과정이 완성에 도달한다는 것이다. 이미 르네상스의 장인들은 자기들이 모방해야 할 모범 따위는 없다고 믿었다. 즉 이데아의 존재를 부정한 것이다. 지상의 자연은 어떤가? 아무리 늦어도 청동기 이후 인간은 자연을 인공의 환경으로 바꾸면서 살아 왔고, 특히 디지털의 등장으로 '주어진 것'으로서 자연은 결정적으로 사라지고 있다.

그것이 천상의 이데아든, 아니면 지상의 자연이든, 오늘날 '주어진 것'은 사라졌다. 한 마디로 주체Subjekt가 모방하고, 복제하고, 반영하고, 재현해야 할 모범으로서 객체Objekt가 사라진 것이다. 주체와 객체는 상관적 개념이기 때문에, 객체가 없이는 주체도 있을 수가 없다. 결국 '주어진 것'이 사라지면서 근대철학의 인간상, 즉 '주체'로서의 인간의 개념도 무너지기에 이른 것이다. 주체가 될 수 없다면 인간은 이제 무엇이 되어야 하는가? 플루서는 인간들에게 이제 '기획'Projekt이 되라고 말한다. 기획으로서 인간은 한 마디로 자신의 상상을 앞으로pro 던져jekt실현해 나가는 사람이다. 즉 자연적 세계의 상관자가 '주체'였다면, 대안적 세계의 상관자는 '기획'이라는 것이다. 결국 디지털의 인간은 이미 주어진 것을 인식하는 자가 아니라 아직 주어지지 않은 것을 상상하는 자라는 얘기다. 이것이 플루서의 철학에 함축된 디지털의 '인간학'이다.

그럼 '기획'으로서 인간은 구체적으로 어떤 존재인가? 기획으로서 인간은 결국 디지털 가상의 제작자라 할 수 있다. 디지털 가상은 그 자체가 새로운 현실, 즉 대안적 세계가 되는 가상이기 때문이다. 대안세계의 요소로서 디지털 가상은 이른바 '기술적 형상' Technobild의 형태를 취한다. 이 기술적 형상은 선사의 주술적 형상과는 애초에 차원이 다르다. 손으로 그린 그림이 아니라 문자로 그린 그림이기 때문이다. 예를 들어 우리가 모니터 위에서 보는 이미지의 실체는 문자숫자 코드로 작성한 프로그래밍이다. 인간은 항상 역사적으로 선행하는 미디어의 메타코드를 취해 왔다. 즉, 선사인이 세계를 그림으로 상상했다면, 역사시대의 사람들은 그 그림을 취해 텍스트로 풀었다. 역사이후의 사람들은 그 텍스트를 취해 그것으로 디지털 가상을 프로그래밍 해왔다. 이 과정을 플루서는 이렇게 요약한다.

> "먼저 인간은 생활세계로부터 한 걸음 물러나 그것을 상상한다. 이어서 그는 상상으로부터 한 걸음 물러나 그것을 기술한다. 그 다음에 그는 선형적 문자로 쓰인 비판으로부터 물러나 그것을 분석한다. 그리고 마지막으로 새로운 상상력에 힘입어 그 분석을 통해 얻은 합성 이미지를 투사한다."[58)]

"합성이미지를 투사"하는 "새로운 상상력"을 플루서는 '기술적 상상력'Techno-Imagination이라 부른다. 이 새로운 상상력은 역사적으로 선행한 두 상징형식, 즉 선사시대의 '주술적 상상력'과 역사시대의 '기술적 이성'을 하나로 종합한다. 즉 기술적 상상력은 선사시대의 '상상력'을 역사시대의 '기술적' 이성으로써 실현하는 능력이라 할 수 있다. 상상을 현실로 바꾸어 놓기에 이 새로운 상상력에는 심지어 마술적 분위기까지 존재한다. 실제로 플루서는 그것을 '탈역사적 마술'post-historische Magie이라 부른다.[59)] 역사의 뒤안길로 사라졌던 마술이 역사 이후에 되살아난다는 것이다. 물론 지금 부활한 이 마술은 선사의 그것과는 성격이 다르다. 선사인의 상상력은 주술적이었다. 그들은 자기들의 상상이 곧 현실이 되기를 주관적으로 믿었을 뿐이다. 반면 우리의 상상력은 기술적이다. 디지털 테크놀로지로 무장한 우리는 글자 그대로 상상을 현실로 바꾸어 놓을 수 있다.

텍스트 바깥은 없다

월터 옹에 따르면, "글쓰기는 의식을 재구조화한다." 이를 좀 더 일반화하면, 미디어는 의식을 재구조화한다고 할 수 있다. 플루서 역시 미디어를 인간의 의식구조와 연관시킨다. 세계를 이미지로 표상하던 시절 사람들은 '신화적·마술적 의식'을 갖고 있었다. 하지만 세계를 텍스트로 기술하게 되면서, 이 주술적 의식은 '선형적·역사적·계몽적 의식'에 밀려난다. 하지만 텍스트마저 매개에 실패하면서, 역사주의 의식은 다시 '형식적·계산적·분석적 의식'에 자리를 내주게 된다. 사실 이 전환은 17세기에 세계를 문자 대신에 숫자로 기록할 때부터 이미 시작된 것이다. 플루서는 숫자를 텍스트에서 이미지로 넘어가는 과도기의 현상을 본다. 수식은 공간적 이미지로 지각되나 선형적으로 해석되기 때문이다. 17세기에 자연을 수학화하면서부터 사태의 인과적 설명을 추구하는 역사적 의식은 점차 문제의 체계적 해결을 추구하는 형식적 의식으로 바뀌어 간다.

하지만 의식의 결정적 전환이 일어난 것은 컴퓨터가 등장한 1950년대 이후의 일이다. 흥미로운 것은 프랑스의 지성사에서 일어난 일이다. 그 즈음 오랫동안 프랑스 지성계를 지배했던 역사주의가 퇴조하고 새로이 구조주의 운동이 일어난다. 인문사회학마저 '역사'에서 '구조'로 전환하려 한 것이다. 구조주의자들은 역사의 통시적通時的 서술에서 벗어나 상황의 공시적共時的 분석으로 나아가려 했다. 이러한 필사적인 전환에도 불구하고 더 이상 텍스트로 세계를 매개하는 것은 가능하지 않았다. 이 깨달음에서 탄생한 것이 20세기 후반의 후기구조주의라는 이름의 회의주의다. 이 흐름의 대표자인 데리다는 "텍스트의 바깥은 없다."고 말했다. 이 유명한 문장이 의미하는 것은 더 이상 텍스트가 우리를 바깥으로, 즉 세계로 이끌지 못한다는 것이리라. 그런 의미에서 데리다의 해체주의는 죽어가는 문자문화가 부르는 백조의 노래였는지도 모른다.

텍스트는 이렇게 더 이상 세계와는 관계가 없는 것이 되었다. 하지만 후기 구조주의자들이 미처 깨닫지 못한 것이 있다. 즉 전통적 글쓰기와는 구별되는 또 다른 '글쓰기'가 존재한다는 사실이다. 그것은 바로 디지털 가상, 혹은 기술적 형상을 제작하는 데에 필요한 프로그램 텍스트를 쓰는 것이다. 이 두 유형의 글쓰기에는 중요한 차이가 있다. 즉, 전통적인 글쓰기가 다른 인간을 향해 이루어진다면, 프로그램 쓰기는 장치Apparatus를 향해 이루어진다는 것이다. 후자는 인간이 아니라 기계에게 읽히는 글이다. 프로그램 쓰기는 결국 기술적 형상, 혹은 디지털 가상을 제작하는 방식이다. 그런 의미에서 그것은 대안적 세계를 창조하는 글쓰기라고 할 수 있다. 여기서 우리는 데리다와 플루서 사이의 결정적 차이를 본다. 데리다의 인간이 텍스트에 갇혀 주어진 세계로 나가지 못한다면, 플루서의 인간은 텍스트를 써서 대안적 세계를 창조한다.

데리다와 달리 보드리야르는 이미 이미지로 사유하지만, 그 역시 포스트구조주의의 프레임에서 벗어나지 못한다. 그의 이미지는 실재와 관계가 끊어진 '시뮬라크르'일 뿐이다. 그것은 더 이상 실재를 지시하지 못한다. 시뮬라크르 역시 미디어로 만든 이미지이기에, 그 성격은 플루서가 말한 기술적 형상과 크게 다르지 않을 것이다. 하지만 그것은 세계와 인간을 화해시키지 못하고 외려 둘의 관계를 방해한다. 그에게 대안적 세계는 기만적 세계에 불과하다. 그런 의미에서 보드리야르는 플라톤적이다. '실재가 사라졌다'는 그의 명제도 실은 '텍스트의 바깥은 없다'는 데리다의 명제를 슬쩍 고쳐 '이미지의 바깥은 없다'고 말하는 데에 지나지 않는다. 플루서에 따르면, "우리를 둘러싼 상징들이 의미가 불투명해져서 오직 '그 자신'만을 의미하는 순간, 세계와 삶은 지옥으로 변한다."[60] 데리다나 보드리야르는 구텐베르크 문자문화가 종말을 맞은 곳에서 지옥의 묵시록을 쓴 셈이다.

창조적 허무주의

플루서의 '가상'은 어떤 원형의 모방, 복제, 또는 재현이 아니다. 디지털 가상은 그 자체가 새로운 현실, 즉 대안적 세계이기 때문이다. 이렇게 플라톤을 거부하고 그가 대신에 받아들인 것은 세계의 모든 것을 입자들의 분산으로 보는 데모크리투스의 원자론이다.

미디어의 역사에 대한 플루서의 설명은 거의 헤겔의 정신현상학을 방불케 한다. 헤겔의 자연이 '외화'外化를 통해 정신에서 빠져나온다면, 플루서의 인간은 자연에서 스스로 '소외'疏外된다. 헤겔의 정신과 플루서의 인간 모두 이 낯섦을 극복하고 근원적 화해를 회복하려 한다. 그 과정에서 헤겔의 자연이 자신을 지양하여 정신'절대정신'으로 돌아간다면, 플루서의 인간은 기나긴 여정의 끝에서 다시 원자들'비트의 분산'로 돌아간다. 마르크스가 포이어바흐의 유물론으로 헤겔을 물구나무 세웠듯이, 플루서는 데모크리투스로 헤겔의 관념론을 전복하되 그것의 변증법적 핵심은 보존하려 한다.

변증법적 운동 끝에 인간과 세계는 마침내 궁극적 화해에, 즉 주객동일성의 상태에 도달한다. 이로써 역사는 종언을 고한다. 헤겔에게 종언이란 이루어져야 할 모든 것이 이미 이루어진 상태를 의미한다. 다시 말해 역사의 '끝', 세상의 '끝'을 말한다. 반면 플루서에게 그것은 텍스트를 숭배하던 특정한 시대, 즉 맥루언이 말한 '구텐베르크 은하'의 끝일뿐이다. 헤겔이 과거를 '회고'retrospect한다면, 플루서는 미래를 '전망'prospect한다. 역사의 끝에서 헤겔의 정신은 이제까지 일어난 모든 일에 대한 전지全知에 도달하나, 플루서의 인간은 디지털이라는 전능한 무기를 손에 쥔 채 앞으로 벌어져야 할 일들에 대한 완전한 무지無知의 상태에 놓이게 된다. 헤겔에게 종언이 완전한 '실현'이라면, 플루서에게 그것은 완전한 '허무'일 뿐이다. 플루서에 따르면, 인간은 "그 허무에 대항하여gegen 그 허무 속으로in 자신을 투사하는 전조등"[61)]이다.

'투사'projizieren라는 표현은 '기획'Projekt이라는 명사를 동사화動詞化한 것이다. 허무에 대항하여 자신을 허무 속으로 던진다는 말은 어딘지 실존주의적 뉘앙스를 띤다. 하지만 플루서의 것은 하이데거의 보수적 실존주의와는 성격이 다르다. 하이데거의 인간이 세계 속에 '던져지는'geworfen 현존재라면, 플루서의 인간은 자신을 세계 속으로 '던지는'projizieren 적극적 존재, 즉 기획이기 때문이다. 플루서의 실존주의는 그보다는 니체와 관련이 있을 것이다. 니체는 말한다. "우리는 참된wahre 세계를 없애 버렸다. 어떤 세계가 남았는가? 가짜scheinbare 세계? 아니다. 천만에. 참된 세계와 더불어 우리는 가짜 세계도 없애버린 것이다."[62] 즉, 진리를 없애면 거짓만 남는 게 아니라 거짓마저 사라진다. 플라톤주의의 부정은 이렇게 우리를 진위의 피안, 혹은 선악의 피안으로 데려간다. 이것이 니체가 말하는 '창조적 허무주의'다.

'진리' 없이 사는 용기가 필요한 일이다. 추구해야 할 방향도, 참조해야 할 원형도, 모방해야 할 전범도 없이 사는 것은 칠흑 같은 세상을 등대 없이 항해하는 것과 마찬가지이기 때문이다. '진리'의 개념은 허구일지 모르나, 그것은 인간에게 절실한 허구다. 이데아론의 명백한 허구성에도 불구하고, 플라톤주의가 그토록 오래 유지되어 온 것은 그 때문이리라. 플라톤에서 헤겔까지 이어지는 이 '진리의지'Wille zur Wahrheit를 파괴한 것은 니체였다. '신은 죽었다'는 말로써 그는 '진리'를 제거했다. 진리가 없으면 거짓도 없다. 진리가 사라진 세계의 허무함을 견디게 해주는 것은 바로 '가상의지'Wille zum Schein, 즉 가상을 창조하려는 욕망이다. 가상은 더 이상 허구가 아니다. 참된 세계가 없으면 가짜 세계도 없기 때문이다. 디지털 가상도 마찬가지다. 플루서의 '대안적 세계'는 참된 세계도, 가짜 세계도 아니고, 그저 새로운 세계일뿐이다.

권태에 관하여

캐나다 학파처럼 플루서 역시 문자문화와 전자매체 사이에서 근본적 '단절'을 본다. 다만 캐나다 학파가 문자문화를 구술문화와 대비시킨다면, 플루서는 문자문화에 영상문화를 대립시킨다. 하지만 플루서 자신도 전자매체의 구술성과 구술성의 장점은 잘 알고 있었다. 70년대에 그는 텔레비전 매체의 일방성을 비판하는 가운데 미래의 영상매체는 '텔레비전에 전화선으로 결합시킨 형태'가 될 것이라고 예견했다. 전화선으로 연결되어 쌍방향으로 소통하는 모니터들 네트워크. 이는 모뎀을 사용하던 초기의 PC통신을 연상시킨다. 91년에 불의의 사고로 세상을 뜨는 바람에 그는 월드와이드웹의 세계를 보지 못했다. 생전에 그는 모든 책의 원고를 타자기로 썼고, 그저 한 권의 책을 동시에 플로피 디스크로 출간했을 뿐이다. 그는 비록 디지털 문명이 만개하는 것을 보지 못하고 죽었지만, 사반세기 전에 그가 제시한 비전은 오늘날 현실로 나타나고 있다.

플루서는 이른바 '텔레마틱 사회'의 미래를 낙관한다. 그렇다고 그가 미래에 장밋빛 환상을 갖고 있는 것은 아니다. 디지털의 미래는 그것을 어떻게 사용하느냐에 달려 있다. 플루서는 매체의 능동적 활용을 강조한다. 이 맥락에서 그는 '장치'의 복잡성과 '사용'의 복잡성을 구별한다. 예를 들어 텔레비전은 매우 복잡한 장치이나, 사용은 매우 간단하다. 켜고 끄고 채널을 돌리는 것뿐이다. 반면 체스는 매우 간단한 장치이나, 사용이 매우 복잡하다. 체스를 두는 것은 고도의 두뇌활동을 요구한다. 이상적인 것은 텔레비전과 같은 복잡한 장치가 동시에 복잡한 사용을 가능하게 해주는 것이다. 오늘날의 PC가 바로 그런 장치에 해당한다. 플루서는 복잡한 장치를 복잡하게 사용하지 않을 경우, 인류가 새로운 계급으로, 즉 "프로그래밍 하는 사람들과 프로그래밍 당하는 사람들"로 나뉠 것이라 경고한다.[63] 그 경우 미래는 지배-피지배의 새로운 계급사회로 전락할 것이다.

플루서는 니체를 따라 플라톤주의를 폐기했다. '진리'에 집착하는 것도 문제지만, 니체처럼 진리를 폐기하는 데에도 문제가 없지는 않다. <과학에 관하여>라는 짧은 글에서 플루서는 이렇게 묻는다. "왜 개는 아직 붉은 점에 푸른 털을 갖고 있지 않으며 왜 말은 아직도 저녁 초원 위로 형광색채를 발산하지 않을까?" 플루서는 화가들이 오일과 아크릴을 다루듯이 머잖아 분자생물학자들이 유전자 조작으로 지상의 생물들의 피부에 다양한 색채를 부여할 것이라고 예견한다. "이제 우리는 인공적인 생명, 살아 있는 작품을 만들어낼 수 있다." 몇 년 후 그의 예언은 실현되었다. 누군가 어둠 속에서 형광을 발하는 토끼가 실제로 작품으로 내놓았기 때문이다. 여기서 우리는 묻게 된다. 생물의 '주어진'Datum 색채를 왜 굳이 '만들어진 것'Faktum으로 교체해야 하는가? 플루서는 이렇게 대답한다.

> "왜 개가 붉은 점에 푸른 털을 갖고 있으면 안 되느냐고 물을 때, 우리는 실은 가까운 미래에 예술의 역할에 대해 묻고 있는 것이다. 그 미래는 핵과 인구폭발만이 아니라, 그와 동일한 정도로 지루함의 폭발로도 위협을 받고 있다."[64)]

한 마디로, '지루함' 때문이라는 것이다. 자연을 주어진 대로 보존하려 하는 생태주의자들에게는 그의 말이 매우 도발적으로 느껴질 것이다. 하지만 이 발언은 그저 우연히 나온 것이 아니다. 그것은 니체주의에서 필연적으로 흘러나오는 답변이다. 플라톤주의는 '진리'를 지향하며, 그것의 허위를 몰아내려 한다. 반면 니체주의는 바로 그 '진리'를 거부한다. 진리가 사라지면 허위도 사라진다. 모든 가치가 사라진 세계의 허무함을, 니체는 가상을 날조하는 '즐거움'으로 견디라고 말한다. '즐거움'의 반대가 무엇인가? 바로 '지루함'이다. 진리가 사라진 세계에서는 '지루함'이야말로 우선적으로 추방해야 할 악덕이 되는 것이다.

08

기록체계 1800/1900

프리드리히 키틀러
Friedrich-Kittler

독일 인문학은 전통적으로 해석학적 경향을 띤다. '해석'이란 결국 텍스트의 '의미'를 읽는 것을 뜻한다. 따라서 해석학을 모델로 한 인문학은 기표기호보다는 기의의미, 형식보다는 내용, 미디어보다는 콘텐츠에 초점을 맞추기 마련이다. 이 해석학적 경향에 대한 비판은 독일이 아닌 프랑스에서 나왔다. 프랑스의 후기구조주의자들은 '초월적 기의', 즉 텍스트의 최종적 의미를 해체하려 했다. 데리다에 따르면, 한 기표의 기의는 또 다른 기표일 수밖에 없다. 이와는 다소 다른 맥락에서 맥루언 역시 "미디어의 내용은 또 다른 미디어"라고 지적한 바 있다. 한 마디로 분석해야 할 가장 중요한 메시지는 미디어 자체라는 얘기다. 프랑스 후기구조주의와 캐나다 학파의 학자들은 이처럼 독일의 학자들로 하여금 매체성 자체에 주목하게 해 주었다. 키틀러는 독일의 해석학적 분위기 속에서 그 낯선 사조의 충격을 적극적으로 수용한 이들 중의 하나였다.

엑소시즘

키틀러는 80년대 독일의 지성계가 '미디어적 전회'를 하는 데에 결정적 역할을 한 인물이다. 그는 기존 인문학의 해석학적 경향을 비판하면서 미디어 자체에 주목하는 새로운 인문학, 이른바 "미디어 인문학"을 주창했다. 키틀러에 따르면, 기존의 인문학은 문화의 성격이 그것을 표현하는 미디어에 의해 미리 결정된다는 사실을 잊고 있었다. 하이데거라면 그것을 '존재망각'이라 불렀을 것이다. 따라서 새로운 인문학이라면 담론의 해석 이전에 그 담론의 내용과 성격을 선先결정하는 '미디어 배치'mediale Dispositive부터 드러내야 한다. 그것이 바로 발화가 이루어지기 전에 그 시대의 담론적 가능성을 미리 한정하는 조건이기 때문이다. 이 미디어 선험성Medienapriori을 '기록체계'Aufschreibesystem라 부른다. 키틀러는 이 '기록체계'를 "해당 문화에게 관련 데이터의 전달·저장·가공을 허용해주는 기술과 제도의 네트워크"로 정의한다.

키틀러의 사유는 원래 후기구조주의의 운동 내에서 출발했다. 특히 미셸 푸코와 자크 라캉은 그의 미디어 철학의 형성에 결정적인 영향을 끼쳤다. 가령 푸코가 '지식의 고고학'을 통해 '아카이브'들을 발굴했다면, 키틀러는 '미디어의 고고학'을 통해 해당 시기의 담론의 개념적 가능성을 선先규정하는 '기록체계'들을 발견하려 한다. 이 기록체계는 일종의 미디어 선험성으로서, 미처 의식하지 못하는 사이에 특정 시기에 생산·유통되는 담론들의 본성을 규정하는 '미디어 무의식'으로 기능한다. 바로 이 지점에서 라캉의 정신분석학이 소환된다. 하지만 푸코나 라캉은 기호학·언어학을 토대로 사유하느라 미디어의 기술적 측면, 특히 그것의 물질적 측면에는 별 관심을 보이지 않았다. 하지만 키틀러는 맥루언, 플루서, 비릴리오 등을 통해 '기술적' 미디어의 개념을 접할 수 있었고, 이것이 훗날 그가 미디어 유물론으로 방향을 전환하는 데에 중요한 역할을 한다.

키틀러의 미디어 철학은 유물론적이다. 실제로 그는 자신이 마르크스의 유물론을 미디어의 영역으로 확장하고 있다고 믿었다. 그의 이론은 종종 "정보이론적 유물론"이라 불린다. 그의 '미디어' 개념에 모델이 된 것이 섀넌과 위버의 사이버네틱스였기 때문이다. 사이버네틱스에서는 인간의 정신을 '수학적 기계'로 간주한다. 물론 인간 두뇌의 작용을 계산기로 시뮬레이션 하기 위해서다. 키틀러에 따르면 "인간이 무엇인지를 결정하는 것"은 그 동안 우리가 그에게 부여해온 속성들이 아니라 "기술적 표준"이다. 고대의 플라톤은 인간의 영혼을 기억이 새겨지는 밀랍 판으로 여겼고, 근대의 칸트는 인간의 정신을 자연을 비추는 거울로 간주했다. 그런가 하면 베르그송과 후설과 같은 현대철학자들은 의식을 일종의 사진과 영화로 보았다. 이처럼 영혼, 정신, 의식의 실체가 결국 미디어라면, 이 시대의 인간은 사이버네틱스의 표준에 따라 "수학적 기계"가 되어야 할 것이다.

데카르트가 인간을 '정신'이 깃든 기계로 보았다면, 키틀러는 거기서 유령을 내쫓으려 한다. '정신'에 해당하는 독일어 낱말 'Geist'는 동시에 '유령'을 뜻한다. 그의 초기 저술 〈정신과학에서 정신의 추방〉1980은 그의 "엑소시즘"이 미디어적 전회 이전에 시작됐음을 보여준다. 이 퇴마의식은 원래 근대적 구성을 무너뜨리려는 탈근대 기획의 일환이었다. 널리 알려진 것처럼 근대의 '사유하는 주체'cogito를 해체하는 것은 후기구조주의자들이 공통적 기획이다. 예를 들어 푸코는 주체를 객체로 폭로하려 했고, 라캉은 인간이 자기 사유의 주체임을 부정했다. 푸코에게 주체란 그저 '담론의 효과'에 불과하다. 라캉에게 인간의 주인은 그의 무의식이며"내가 생각하는 곳에 나는 없다.", 그것은 다시 '언어의 효과'에 불과하다. 비슷한 어조로 키틀러는 "소프트웨어는 존재하지 않는다."[65]고 말한다. 현대의 일상을 구축하는 소프트웨어들은 '하드웨어의 효과'에 불과하다는 것이다.

미디어 유물론

"언어가 말을 한다."Die Sprache spricht 하이데거의 이 유명한 명제는, '인간은 결코 발화의 주체가 아니며, 그가 하는 발화는 언제나 언어가 미리 허용하는 가능성 내에서만 이루어진다.'는 뜻을 갖는다. 여기서 '언어'를 슬쩍 '미디어 테크놀로지'로 바꾸어 놓으면, 키틀러의 주장에 근접하게 된다. 물론 키틀러의 반反인간주의는 하이데거, 푸코, 라캉의 그것보다 훨씬 더 급진적이다. 그들이 최종심급으로 여긴 '언어'나 '담론' 아래의 층위로 내려가기 때문이다. 여기서 '아래의 층위'란 물론 커뮤니케이션 테크놀로지, 구체적으로 "물질성, 송수신의 조건, 주파수" 같은 것을 가리킨다. 이처럼 그가 메시지가 아니라 기술적 조건이나 물질적 기체에 주목하는 데에는 당연히 이유가 있다. 그가 받아들인 섀넌과 위너의 커뮤니케이션 개념은 '기호'가 아니라 '신호'를 이용한 통신에 가깝기 때문이다. '신호'는 '기호'보다 더 유물론적인 개념이다.

키틀러가 자신의 미디어 개념에서 '의미'Sinn과 '감각'Sinne을 배제하는 것도 그와 관련이 있다. 예를 들어 DNA가 RNA 신호를 보내는 과정을 생각해 보자. 이는 순수한 생화학적 과정으로, 거기에 인간적 '의미'나 '감각'이 개입할 여지가 없다. 키틀러가 미디어 개념에서 '의미'가 '감각'을 떼어 놓는 것은 다분히 플루서와 맥루언을 의식한 기동으로 보인다. 플루서는 카시러의 영향으로 미디어를 무엇보다도 해독해야 할 상징형식으로 간주한다. 하지만 키틀러는 미디어를 기호학적 해독의 대상으로 보기를 거부한다. 그가 강조하는 것은 해독할 '의미'가 아니라, 외려 '데이터'나 '시그널'과 같은 물질적 담지체다. 나아가 그는 인간의 신체 역시 미디어의 개념에서 배제한다. 그로써 미디어를 '인간의 확장'의 보는 맥루언의 인간학주의로부터 거리를 두려는 것이다. 키틀러에게 미디어의 욕망이란 최적화를 향한 기술의 욕망일 뿐, 신체기관을 확장하려는 인간의 욕망이 아니다.

미디어 고고학

이처럼 미디어를 '해독할 수 있는 기호'가 아니라 '측정할 수 있는 신호'로 바라볼 때, 기표의 연쇄는 데이터의 연쇄로 환원되고, 상징적 질서는 마르코프 체인의 확률적 과정으로 교체된다. 그리고 커뮤니케이션은 엔트로피를 측정하는 물리적 과정이나 DNA를 복제하는 생화학적 과정과 같은 '자연사'로 간주된다. 이것이 키틀러의 것을 포함하여 모든 유물론에 함축된 의미다. 유물론에 또 다른 함의가 있다면, '물질이 의식을 결정한다.'는 것이다. 사적 유물론에서 경제적 토대가 법적·정치적 상부구조를 결정하듯이, 미디어 유물론에서는 커뮤니케이션 기술이 문화적 상부구조를 결정한다. 키틀러에 따르면, 문화란 미디어 기술의 표면효과에 불과하다. 따라서 문화를 이해하려면 미디어 기술을, 즉 데이터의 전달·저장·처리를 담당하는 '기록체계'를 해독해야 한다. 그것이 그 위에 세워질 모든 것의 모습을 선先형성하는 "문화적 무의식"이기 때문이다.

이를 위해 키틀러는 미디어의 영역에 고고학을 끌어들인다. 그의 '미디어 고고학'은 물론 푸코의 <지식의 고고학>에서 영감을 받은 것이다. 푸코에게 '고고학'archeology은 근원arche의 연구가 아니라 아카이브archive의 발굴을 의미한다. 그리고 '아카이브'는 도서관 따위가 아니라 '특정한 역사 시기에 담론의 가능성을 미리 조건지우는 심층구조'를 가리킨다. <지식의 고고학>에서 푸코는 '지성사는 세계관들의 연속이 아니라 단절로 이루어진다.'고 말한 바 있다. 여기서 지성사를 이룬다는 그 단절이란 결국 아카이브들의 단절이라 할 수 있다. '미디어의 고고학'을 표방하는 한 키틀러 역시 지성사의 단절된 아카이브들을 발굴하지 않을 수 없다. 하지만 이 미디어 유물론자에게는 푸코의 '아카이브' 개념이 너무 추상적으로 느껴질 수밖에 없었다. 그리하여 그는 '아카이브'라는 추상적 실체를 '기록체계'라는 구체적 대상으로 바꾸어 놓는다.

지성사의 지층에서 키틀러는 1800년과 1900년 두 차례에 걸쳐 단절을 발견한다. 이 단절은 물론 두 유형의 기록체계를 지시한다. 첫째는 15세기 중반에 시작하여 1800년경에 완성에 도달하는 활판인쇄의 우주, 이른바 '기록체계 1800'이다. 이 구텐베르크 은하에서는 책이 주도적 미디어의 역할을 했다. 둘째는 19세기 말에 시작되어 20세기에 만개하는 기술적 미디어의 세계, 즉 '기록체계 1900'이다. 이 시기는 축음기, 영사기, 타자기 등의 아날로그 미디어로 대표된다. 명시적 언급은 없지만, 컴퓨터가 발명된 1950년이나 디지털이 전면화한 2000년을 또 하나의 단절로 설정할 수도 있을 것이다. 컴퓨터는 이제까지 존재한 모든 미디어를 제 안에 하나로 융합하는 궁극적 미디어이기 때문이다. 키틀러가 이처럼 '기록체계 1800'과 '기록체계 1900' 사이의 단절에 주목하는 것은, 그 시기에 근대의 휴머니즘 이상이 무너지고 현대적 유형의 인간이 탄생하기 때문이리라.

기록체계 1800

키틀러는 '기록체계'를 "해당 문화에게 관련 데이터의 전달·저장·가공을 허용해주는 기술과 제도의 네트워크"[66]로 규정한 바 있다. 그의 미디어 개념을 이해하려면 이 정의 외에 '시간 축 조작'TAM: Time Axis Manipulation의 개념을 알아야 한다.[67] '시간 축 조작'이란 한 마디로 선형적 흐름에 얽매이지 않고 데이터를 시간 축 위에서 앞뒤로 자유자재로 배치하는 조작을 말한다. 예를 들어 말을 글로 적는 것은 곧 시간적 발화를 문자열로 공간화하는 것을 의미한다. 한번 흘러간 말은 되돌아오지 않지만, 글로 적은 말은 얼마든지 다시 읽을 수 있기 때문이다. 텍스트가 두루마리 권volume에서 쪽들을 묶은 책codex으로 변화한 것은 '시간 축 조작'의 또 다른 단계를 의미한다. 하나의 기다란 흐름을 페이지들로 분할하여 관리할 수 있게 되었기 때문이다. 물론 이 발전은 자유로이 움직이는 '활자'를 사용하는 활판인쇄에서 절정에 도달한다.

키틀러가 '말'을 미디어로 간주하지 않는 것은 그와 관련이 있다. 그에게 '미디어'란 시간을 공간화하여 '분산적'discrete으로 처리하게 해주는 기술이기 때문이다. 심지어 거기에는 실존적 함의까지 담겨 있다. 즉 시간은 비가역적이어서 응고시키거나 옮기거나 되돌릴 수 없으나, 미디어는 그 불가능을 허용함으로써 인간을 시간의 속박에서 풀어준다는 것이다. TAM의 의미에서 최초의 기록매체는 텍스트와 총보Partitur였다. 그리고 그것이 또한 최초의 기록체계를 만들어낸다. 그것이 바로 '기록체계 1800'이다. '기록체계 1800'은 구체적으로 멀리 인쇄술의 도입[1450년]에서 기술적 매체들의 발명[1880년]에 이르기까지 수백 년을 포괄한다. 그 시기에는 책과 악보가 유일하게 시간저장매체의 역할을 했다. 이 시기를 하필 '1800년'이라는 구체적 연도로 명명하는 것은, 그 해를 전후하여 해당 기록체계의 잠재성이 최고조에 달한다고 보기 때문이리라.

그 시기에 무슨 변화가 일어났는지 일일이 언급할 필요는 없을 것이다. 낭독의 관습이 묵독의 습관으로 변하고, 그 결과 내면에서 자기의 목소리를 자기가 듣는[s'entendre parler] 근대 특유의 내성철학이 탄생한다. 학문적 사유와 문학적 창작에 지역어가 사용되고, 이는 다시 국민국가의 탄생을 촉진한다. 과학은 세분화하고, 학적 방법론이 정교화하면서, 과정과 절차의 기계화, 표준화, 자동화가 이루어진다. 저자와 저작권자의 개념이 발생하고, 그 맞은편에서는 보통교육을 통해 문자능력을 갖춘 광범위한 독자층이 형성된다. 저자의 권위가 확립되고, 위대한 저자는 독자들에게 '문호'로 추앙을 받는다. 이렇게 저자의 자아도취와 독자의 찬양문화의 결합은 낭만주의 시대에 절정에 달한다. 키틀러가 이 시기를 '기록체계 1800'이라 부르는 이유도 거기에 있다. 그 즈음에 근대적 인간의 이상인 '자율적 저자주체'의 성립이 완료되기 때문이다.

기록체계 1900

기록하는 기술이 기록되는 내용을 결정한다. 그것이 '기록체계'라는 말이 담고 있는 함의다. 실제로 텍스트를 기록매체로 사용한다는 것은 곧 세계의 모든 것을 '상징'으로 파악한다는 것을 의미한다. 즉 기록체계 1800에서 세계는 기록되기 위해 먼저 상징으로, 즉 문자숫자로 변환되어야 한다. 이 문자의 독점은 1880년 경 축음기, 영사기, 타자기가 등장하면서 무너지기 시작한다. 이들 기술매체 덕분에 이제 문자, 영상, 음향 모두 저장이 가능해진 것이다. 이 가능성은 물론 녹음기, 라디오, 텔레비전 등 전자매체에 이르러 절정에 달한다. 이들 원元기술매체들과 더불어 탄생한 것이 바로 '기록체계 1900'이다. 앞의 체계와 구별되는 이 새로운 체계의 본질적 특성은, '세계 자체'를 기록한다는 데에 있다. 예를 들어 기록체계 1800의 악보가 음향을 음표로 변환하여 기록한다면, 축음기는 그런 변환 없이 세계의 소리를 불필요한 소음까지 있는 그대로 기록한다.

역행캐넌은 두 체계의 차이를 여실히 보여준다. 역행캐넌은 악보를 뒤집어 뒤에서 앞으로 연주해도 동일한 선율이 나온다. 하지만 그 연주를 축음기에 담아 거꾸로 돌리면 괴상한 소음만이 들릴 것이다. 이것이 상징을 기록하는 '1800 체계'와 실재를 기록하는 '1900 체계'의 차이다. '기록체계 1900'은 세계 자체를 저장한다. 때문에 그 안에 상징적 질서에 편입되지 않은 우연의 요소도 담을 수가 있다. 가령 사진에는 의도하지 않았으나 우연히 거기에 있었기에 촬영되지 않을 수 없었던 not not 세부가 있다. 이를 발터 베냐민은 '시각적 무의식'이라 부른 바 있다. 축음기에도 의도하지 않았으나 우연히 거기에 있었기에 녹음되지 않을 수 없었던 not not 소음이 있다. 베냐민을 패러프레이즈 하여 이를 '청각적 무의식'이라 부를 수도 있을 것이다. 이 시각적·청각적 무의식은 '상징적' 질서의 체에 걸러지지 않은 채 들어온 '실재계'의 요소다.

기록체계 1800을 상징하는 작품은 괴테의 파우스트다. 그의 서재는 서로 지시하며 순환하는 책들로 이루어진 거대한 상징의 우주이며, 그는 초월적 기의인 자연을 기호로 번역하는 이상적 저자다. 한편, 기록체계 1900을 대표하는 것은 프로이트의 저술들이리라. 프로이트는 정신병자들이 내는 무의미한 소리에서 무언가를 읽어내려 한다. 그것이 바로 존재하기에 기록되지 않을 수 없는 실재계의 소음이다. 키틀러는 도플갱어의 예로 두 체계의 인간상을 설명한다. 낭만주의 시대의 작가들이 목격한 도플갱어는 "개별적 보편자", 즉 이상적 자아의 분신으로, 저자에게 앞으로 써야 할 글을 불러주고 조용히 사라진다. 반면 프로이트나 마흐 같은 20세기 저자들에게 도플갱어는 누군지 알아보기조차 힘든 섬뜩한 괴물로 나타난다. 그것은 문자화가 아니라 "보편적 기계화"의 산물이다. 저자들은 이 괴물 속에서 실재계와, 즉 자신의 억압된 무의식과 조우한다.[68]

상징계, 실재계, 상상계

키틀러는 아날로그 기술매체들이 등장하는 과정을 기술하기 위해 라캉으로부터 '상징계', '실재계', '상상계'라는 용어를 빌려온다. 그는 미디어가 가진 세 가지 기능 중에서 데이터의 '계산' Berechnung을 상징계에, 데이터의 '저장'Speicherung을 실재계에, 그리고 데이터의 '전송'Übertragung을 상상계에 각각 할당한다. 기록체계 1800은 이 모든 기능을 텍스트 혼자서 담당하는 이른바 '알파벳 독점'의 체계였다. 이 독점을 깨뜨린 것이 19세기 말에 등장한 축음기, 영화, 타자기 등 아날로그 기술매체들이다. 이들 매체의 등장으로 이제 기록체계 자체가 광학Optik, 음향학Akustik, 문자Schrift로 삼분화한다. 말할 필요도 없이 여기서 광학은 영화, 음향학은 축음기, 문자는 타자기를 가리킨다. 그 분화와 더불어 탄생한 것이 기록체계 1900이다. 키틀러는 체계 1900에서 축음기를 실재계에, 영화를 상상계에, 타자기를 상징계에 관련시킨다.

그가 축음기를 '실재계'와 연결시키는 것은 그것이 상징계에 포착되지 않는 실재를 기록하기 때문이다. 축음기는 인간의 목소리를 영혼의 표현으로 여기지 않는다. 그것을 그저 길거리의 소음과 동일하게 의미 없는 음향으로 처리할 뿐이다. 한편, 그 역시 실재를 기록할 수도 있음에도 영화가 '상상계'로 연결되는 것은, 초당 24장의 속도로 교체되는 단절된 영상들로 이루어지기 때문이다. 키틀러는 이를 그 유명한 라캉의 '거울단계' 이론과 연결시킨다. 라캉에 따르면 유아는 운동·감각적motor-sensoric 이유에서 자신을 파편적 존재로 느낀다. 아직 신체를 완전히 통제하지 못하고, 제 신체를 부분적으로만 보기 때문이다. 그러다 거울을 통해 아이는 자신을 비로소 하나의 완전한 존재로 표상하게 된다. 키틀러에 따르면, 성인에게는 영화가 그 거울의 역할을 한다. 영화는 글자 그대로 과거의 독자가 소설을 읽고 상상하던 장면들의 시각적 실현이다.

마지막으로 키틀러는 타자기를 '상징계'와 연관시킨다. 쓰기는 어차피 상징계에 속해왔지만, 타자기로 쓰는 것은 과거의 쓰기와는 사뭇 다른 의미를 갖는다. 니체에 따르면 사유는 종종 필기도구의 산물이다. 비슷하게 베냐민 역시 '손가락으로 사유한다.'고 말한 바 있다. 이는 타자기를 통한 쓰기에 과거와는 다른 유형의 사유가 동반된다는 것을 의미한다. 게다가 수기手記에서는 글쓰기와 저자의 영혼이 결합되나, 타자기에서는 양자가 종종 분리된다. 타자수는 저자의 목소리를 기계적으로 옮겨 적기 때문이다. 이렇게 축음기, 영화, 타자기는 알파벳이 독점하던 영역을 3분하면서, 각각의 영역에서 각자의 방식으로 기록체계 1800을 폭파시켰다. 키틀러에 따르면, '인간'이라는 근대 휴머니즘의 이상은 활판 기록체계의 환영에 불과하다. 기록체계 1800이 무너지면 당연히 근대적 인간의 이상, 이른바 자율적 '주체'의 가상도 무너질 수밖에 없다.

"광학, 음향학, 문자로의 분화가 1880년을 즈음하여 구텐베르크적 저장매체의 독점을 날려버리면서, 소위 인간은 이제

> 제작 가능해진다. 인간의 본질은 장치들로 이행한다. 기계가 중앙신경체계의 기능을 정복한다."[69]

데카르트는 '사유'cogito를 인간만의 특성으로 꼽았다. 하지만 앨런 튜링은 이미 '생각'을 기계도 수행할 수 있는 물리적 기능으로 간주한 바 있다. 이로써 '인간'의 전통적 개념은 위기에 처한다. 실제로 인간만이 가졌다고 여겨졌던 정신적 활동들이 기계로 시뮬레이션 가능하다는 사실이 속속 드러나고 있다. 키틀러에 따르면, 오늘날 인간은 "생리학과 커뮤니케이션 테크닉으로 해체"[70] 되고 있다. 실제로 오늘날 '인간'은 뇌 과학과 인공지능을 통해 더 잘 이해된다는 믿음이 확산되고 있다.

세 개의 은하

튜링이 구상한 만능기계universal discrete machine의 본질은 프로그래밍 할 수 있다는 데에 있다. 과거에는 각각의 작업마다 다른 기계가 필요했지만, 이제 프로그래밍소프트웨어을 통해 하나의 기계하드웨어로 다양한 기능을 수행할 수 있게 된 것이다. 컴퓨터 안에서는 축음기·영화·문자와 같은 저장매체에서 라디오·텔레비전과 같은 전송매체까지 모든 기술매체들의 차이가 내파한다. 이 첨단 기술의 조건 하에서 정신분석학도 실재계·상징계·상상계라는 심리기계를 제작하여 "저장·전송·계산의 기술적 삼위일체"를 실현하게 된다.[71] 컴퓨터가 이처럼 궁극의 매체라는 점을 고려할 때, 컴퓨터의 등장을 기준으로 '기록체계 1950', 혹은 디지털 문화의 만개를 기준으로 '기록체계 2000년'을 설정할 수도 있을 것이다. 그러나 키틀러는 흥미롭게도 "광학·음향학·문자"에서 곧바로 인간을 대신하는 장치=컴퓨터로 비약한다. 그는 이 둘 사이의 질적 단절을 인정하지 않는 것이다.

이 점에서 키틀러는 다른 학자들의 것과 현저한 차이를 보인다. 다른 학자들은 대개 기존의 문자문화에 새로운 영상문화를 대립시키곤 한다. 그 경우 문자문화의 종언은 텔레비전맥루언이나 컴퓨터플루서가 등장하는 1950년대로 잡아야 할 것이다. 이렇게 '구텐베르크 은하'에 이른바 '맥루언 은하'나 '튜링 은하'를 대립시키는 것이 일반적이다. 하지만 키틀러는 거기서 70년을 더 거슬러 올라가 축음기·영화·타자기 등 아날로그 기술매체들이 등장하는 1880년을 기점으로 잡는다. 그 이유를 키틀러는 이렇게 설명한다.

> "미디어 이론들, 특히 마셜 맥루언과 그 뒤를 이어 플루서는 글쓰기와, 궁극적으로 기하학 개념들에 의존하는 이미지를 절대적으로 구별했다. 그들은 인쇄된 서적들의 선형성 혹은 일차원성과 이미지들의 환원 불가능한 이차원성을 대립시킨다. … 하지만 그것은 우연찮게 누보로망의 작가 미셸 뷔토르가 이미 오래 전에 강조한 바 있는 단순한 사실을 은폐한다. 즉 가장 자주 사용되는 책들은—과거에는 성경, 그리

고 오늘날에는 아마도 전화번호부는—확실히 선형적으로 읽히지 않는다는 것이다."[72]

그가 반대하는 것은 결국 '선형적 텍스트 대對 비선형적 이미지'라는 대립구도다. 그가 보기에 모든 기록체계는 비선형적이다. '기록체계' 자체가 이미 '시간 축 조작'TAM을 함축하기 때문이다. 키틀러의 '기록체계'는 시간을 저장하고 움직이고 되돌림으로써 인간을 시간의 선형적 흐름에서 해방시켜주는 것이다. 따라서 텍스트·이미지·사운드 그 어느 것을 주요한 저장매체로 사용하든, 모든 기록체계는 이미 비선형적이라는 것이다. 키틀러가 볼륨卷에서 코덱스冊로의 변화를 인쇄술의 발명보다 더 중시하는 것도 그와 관련이 있다. 최초의 '시간 축 조작'이 그때 일어났기 때문이다. 그에 비하면 인쇄술의 발명은 후일담에 속한다. 그가 축음기·영사기·타자기의 중요성을 과도하게 부각시키는 것도 같은 이유에서다. 이들 아날로그 기술매체들은 TV나 컴퓨터보다 수십 년 앞서 실재계의 사건들을 대상으로 '시간 축 조작'을 수행했기 때문이다.

미디어 유물론의 한계

"인간이 무엇인지 결정하는 것은 철학자들이 우리에게 자신을 이해하라고 붙여준 수식어들이 아니라 '기술적 표준'이다."[73]

유물론적 환원으로 '정신', '영혼'과 같은 유령을 쫓아내자 인간은 '장치'가 된다. 과거에 인간은 생각하기에 존재할 수 있었다. 하지만 이제는 "오직 켜고 끌 수 있는 것만이 존재할 수 있다."[74) 여기서 한 가지 물음이 떠오른다. 이렇게 모든 것이 기술에 결정된다면, 기술 자체의 변화를 추동하는 힘은 무엇인가? 이 지점에서 키틀러는 비릴리오를 따라 전쟁을 미디어의 역사적 선험성으로 제시한다. 즉, 이제까지 기술은 컴퓨터의 영역에서든 광학기술의 영역에서든 언제나 동시에 전쟁기술이었다는 것이다. 실제로 주요한 미디어의 탄생은 공교롭게도 주요한 전쟁의 시기와 일치한다. 그리하여 축음기·영화·타자기의 탄생은 남북전쟁과, 라디오·TV의 발명은 일차대전과, 컴퓨터의 구상은 이차대전과 맞물린다. 오늘날의 인터넷도 알고 보면 전략미사일방어체계[SDI]의 산물이다. 키틀러에 따르면, 테크놀로지와 더불어 전쟁은 참호전·전격전·스타워스로 진화해 왔다.

키틀러의 이론은 이중의 의미에서 도발적이다. 모든 것을 장치로 환원하고, 그것을 다시 전쟁으로 환원하기 때문이다. 이 이중의 도발은 맥루언, 혹은 그가 대표하는 미디어 낙관론을 향한 것으로 보인다. 맥루언에 따르면 미디어는 '인간의 연장'이다. 하지만 키틀러는 맥루언의 인간중심주의를 거부한다. 그에게 인간은 그저 일종의 '정보-기계'일 뿐이다. 또 맥루언은 전자매체가 세계를 하나로 '지구촌'이라는 하나의 거대한 촌락으로 통합시켜줄 것이라 믿었다. 하지만 이는 전자매체에 내재한 또 다른 가능성, 즉 분열과 불화의 가능성을 간과한 것이다. 키틀러에게 미디어란 맥루언이 꿈꾸는 그런 "우주적 화합의 대립물"이다. 왜냐하면 이제까지 존재한 미디어들은 "언제나 동시에 전쟁 기술적"이었기 때문이다.[75] 미디어가 전쟁과 연동되어 있는 것은 부정할 수 없지만, 미디어 자체를 "언제나 동시에" 전쟁기술로 규정할 수 있는지는 의문이다.

도발적인 만큼 키틀러의 이론은 많은 비판에 노출되곤 한다. 본격적인 비판에 들어가기 앞서 먼저 그의 유물론적 환원에 수반된 몇 가지 사실적 오류부터 지적해 두기로 하자. 키틀러는 유물론적 관점에서 기호를 물리적 신호로 환원시킨다. 그로써 의미를 '해석'하는 정신적 활동은 엔트로피를 '측량'하는 물리적 절차로 대체하려는 것이다. 하지만 사이버네틱스의 연구를 통해 드러난 것은 정작 기호를 이용한 소통이 결코 확률론적 과정이 아니라는 사실이었다. 참고로, 60년대 생성예술의 실험은 거꾸로 마르코프 체인을 이용한 확률론적 모델에서 촘스키의 변형생성문법을 이용한 언어학적 모델로 진화해 갔다. 나아가 키틀러는 '뉴런은 디지털 모델에 따라 작동하기에 인간의 뇌와 컴퓨터는 호환가능하다.'고 주장한다. 이 주장 역시 오늘날 과학적으로 지지를 받지 못한다. 뇌 과학의 연구에 따르면 뉴런의 작용 중 적어도 일부는 아날로그적 성격을 띠기 때문이다.

특이하게도 키틀러는 인쇄술보다 코덱스를, 텔레비전·컴퓨터보다 축음기·영사기·타자기를 더 높이 평가한다. 이는 그가 미디어의 본질을 '시간 축 조정'TAM에서 찾기 때문이다. 하지만 그의 시기구분1800/1900은 독창적일지는 모르나 맥루언·플루서의 것만큼 직관적이지 못하다. 코덱스나 기록장치의 사회적 파급력은 인쇄술·컴퓨터에 비해 극히 제한적이었기 때문이다. 키틀러는 또한 텍스트가 선형적이라는 주장을 반박한다. 하지만 문자와 선형적 의식역사주의를 연관시키는 플루서의 설명은—성서나 전화번호부로 반박하기에는—너무나 개연적이다. 키틀러는 또한 컴퓨터를 기록체계 1900, 즉 축음기·영사기·타자기의 연장으로 바라본다. 이때 그가 잊은 것은 둘 사이에 실은 깊은 단절이 존재한다는 사실이다. 디지털 자체가 애초에 아날로그 소통의 '소음'을 지울 목적으로 개발된 기술이기 때문이다. 키틀러 자신의 표현을 빌면, 디지털은 외려 '실재계'를 지운다. TV의 HD화면은 그 소음제거의 결과다.

내가 보기에 그의 이론의 가장 큰 문제는, 유물론을 표방하면서도 실은 관념론적이라는 데에 있다. 기호에 대한 키틀러의 관념은 여전히 후기구조주의의 영향을 보여준다. 후기구조주의의 관념에 따르면, 한 기표의 기의란 또 다른 기표일 뿐이며, 초월적 기의를 찾는 운동은 결국 기표의 무한연쇄에 빠질 수밖에 없다. 여기에 후기구조주의의 또 다른 특징인 반反인간주의가 결합하면, 기호작용은 인간의 개입을 요하지 않는 기표들의 자율적 운동으로 여겨지기에 이른다. 키틀러는 이 '기호'들의 자율적 운동을 특유의 '신호'들의 자율적 운동으로 바꾸어 놓았을 뿐이다. 이 유물론적 환원에도 불구하고 후기구조주의 특유의 기호 관념론은 그대로 남아 있다. 키틀러에게서도 신호를 저장·전송·처리하는 기술적 미디어들은 인간의 신체나 인간의 지각에서 독립하여 자율적 운동을 하는 것으로 나타난다. 이것이 그의 미디어 유물론 속에 감추어진 관념론이다.

여기서 물어야 할 것은 근대의 인간중심주의를 비판하기 위해 굳이 '인간' 자체를 폐기할 필요가 있느냐는 것이다. 예를 들어 키틀러에게 영감을 준 미셸 푸코는 그저 '주체'가 담론의 망에 의해 만들어진 객체라고 폭로하는 데에서 벗어나, 그 망 속에 갇힌 상태에서도 어떻게 자신을 적극적으로 형성할 수 있는지 묻는 데로 나아갔다. 그 답변으로 내놓은 것이 바로 '자아의 테크놀로지'라는 실존미학이었다. 이렇게 후기의 푸코는 '주체' 대신에 '자아'의 이름으로 인간을 소환한다. 정작 미디어 철학에서 이에 해당하는 작업을 한 것은 키틀러가 아니라 외려 플루서였다. 푸코가 근대적 '주체'의 대안으로 '자아'soi를 내세웠다면, 플루서는 근대적 '주체'의 대안으로 '기획'Projekt을 내세운다. 키틀러가 이들처럼 대안적 인간형을 제시하지 못한 것은 그의 관심이 여전히 후기구조주의의 반反인간주의 프레임 안에 머물러 있다는 것을 의미한다.

키틀러의 이론이 대안적 인간상의 구성에 이르지 못한 것은, 그의 이론이 '전망'prospect이 아니라 '회고'retrospect의 성격을 띠는 것과 관련이 있을 것이다. 물론 이 역시 후기구조주의 패러다임에서 비롯된 결과다. 기록체계 1800/1900은 각각 근대적 사회구성의 완성과 해체를 의미한다. 그런 의미에서 키틀러의 관심은 미디어적 전회 이후에도 여전히 후기구조주의의 근대비판과 궤를 같이 한다. 어떤 의미에서 그는 후기구조주의의 마지막 주자였다고도 할 수 있다. 후기구조주의가 아직 언어와 기호로 사유했다면, 키틀러는 그것들을 '기술매체'로 환원함으로써 생명력이 다해가는 후기구조주의적 사유를 새로운 관점에서 재해석할 수 있게 해주었다. 미디어적 환원을 통한 키틀러의 재해석은 매우 창의적이고 생산적이었다고 평가된다. 인문학의 '미디어적 전회'도 실은 그의 작업 덕분에 가능했다. 어떤 의미에서는 이 책 자체도 그의 작업이 있었기에 나올 수 있었는지도 모른다.

맺음말

아프리오리와 아포리아

마지막으로 '미디어적 전회'와 관련된 철학적 물음을 언급하고 싶다. 이는 부분적으로는 매체철학의 가능성 자체에 관한 물음이기도 하다. 이 책을 시작하면서 매체철학의 과제는 미디어 아프리오리를 드러내는 데에 있다고 말한 바 있다. '한 문화의 가능성은 그 문화에서 사용하는 미디어에 의해 미리 결정된다.' 미디어 이론들은 대부분 이 선험성의 인정에서 출발한다. 문제는 이 아프리오리a priori가 동시에 우리를 아포리아aporia로 이끈다는 것이다. '아포리아'란 '막다른 골목'을 뜻하는 그리스어 낱말로, 일반적으로 '해결 불가능한 역설의 상황'을 가리키는 용어로 사용된다. '아프리오리'의 역설은, 다른 모든 것의 토대가 되면서도 정작 저 자신을 근거지우지 못한다는 데에 있다.

예를 들어 근대의 '인식론적 전회'를 생각해 보자. 그 바탕에 깔린 전제는 세계가 현상하는 방식이 의식에 의해 미리 결정된다는 것이다. 여기서 세계를 인식하기 위해 의식을 가지고 의식의 안을 들여다보는 반성철학의 프레임이 탄생한다. 하지만 이 근대의 기획은 결국 악순환에 빠진다. 의식을 점검하는 의식의 올바름을 보장하려면, 또 다른 메타의식이 필요하고, 그것의 올바름을 보장하려면 그 위에 또 다른 메타의식이 있어야 하기 때문이다. 이 아포리아에서 벗어나려고 근대철학은 종종 인간의 의식을 들여다보는 신의 관점을 참칭하곤 했다. 물론 이는 올바른 해결이 아니다. 아포리아를 해결하려면 신에 의존하지 않으면서 의식을 의식이 아닌 다른 것으로 환원시켜야 한다.

그래서 철학자들은 의식의 아래로 내려갔고 거기서 새로 '언어'를 발견한다. 하지만 언어철학이라고 처지가 나은 것은 아니다. 의식으로 의식을 관찰하는 것처럼 언어로 언어를 분석하는 것 역시 순환을 벗어날 수 없다. 이 아포리아 앞에서 해석학은 '순환에서 벗어나려면 외려 현명하게 순환에 빠지라'가다머고 권한다. 물론 그런 일이 어떻게 가능한지는 끝내 설명되지 않는다. 반면, 반反해석학은 정직하게 '순환에서 벗어난다는 것은 불가능하다'고 인정한다. 그러니 '차라리 순환하는 기표들의 놀이를 즐기라'데리다는 것이다. 비트겐슈타인은 차라리 '분절화되지 않은 소리를 내지르고 싶은 충동'을 느낀다고 말한 바 있다. 이는 순환에서 벗어나 언어 밖으로 나가고 싶은 욕망이리라.

기호의 의미는 또 다른 기호일 수밖에 없다. 이 위기에서 언어의 '의미'로, 즉 언어의 '바깥'으로 제시된 것이 바로 '미디어'다. 의식이 언어로 조직되듯이 언어는 다시 미디어로 조직된다. 옹은 같은 '언어'라 하더라도 말과 글이 서로 얼마 다른지 보여준 바 있다. 그리하여 이제 언어는 매체로 환원되기에 이른다. 인문학에서 이 '미디어적 전회'는 언어를 기술로 돌리는 유물론적 환원을 통해 이루어졌다. 앞에서 살펴본 것처럼 키틀러는 언어 혹은 기호를 물리적 신호로, 정신을 수학적 기계로 환원시킴으로써 '인간', '정신', '의미'와 같은 휴머니즘의 잔재들을 아예 철학에서 추방하려 했다. 그 결과 그에게서 역사는 거의 기술과 매체의 자립적 전개 과정으로 나타난다.

우리는 세계 뒤에서 의식을 찾고, 의식 뒤에서 언어를 찾고, 언어 뒤에서 다시 매체를 찾았다. 그렇다면 매체야말로 '더 뒤로 들어갈 수 없는'unhintergehbar 철학의 최종심급인 것일까? 상황은 그렇게 간단하지가 않다. 인간은 어차피 상징의 동물homo symbolicus이라서 설사 언어의 뒤에 매체가 있다 하더라도, 우리는 그 매체에 대한 인식을 다시 언어를 통해 얻을 수밖에 없다. 만약에 '더 뒤로 들어갈 수 없는' 최종심급이 이처럼 매체가 아니라 언어라면, 우리가 얘기하는 '미디어적 전회'란, 그것이 아무리 참신한 기획이라 하더라도, 시대를 구획할 만한 새로운 전환이 아니라 이미 100여 년 전에 일어난 언어학적 전환의 두 번째 국면에 불과하다고 해야 할 것이다.

언어 아프리오리와 기술 아프리오리 중 어느 쪽이 논리적으로 앞서는지는 분명하지 않다. 게다가 그 둘을 개념적으로 구별하는 것 자체도 최근에는 쉽지 않아졌다. 예를 들어 "장치는 텍스트를 함수로 하여 징후를 이미지로 변환한다."는 플루서의 말을 생각해 보라. 이는 컴퓨터라는 장치가 프로그램이라는 텍스트를 매개로 실제의 사건들을 이미지로 변환한다는 뜻이다. 사진·텔레비전·컴퓨터 모니터 위의 영상 등 기술적 형상은 이런 방식으로 만들어지는데, 여기서 언어와 기술은 어느 게 먼저라고 할 것 없이 서로 얽혀 함께 일하는 것으로 상정된다. 디이터 메르쉬가 지적한 것처럼 오늘날 "기술의 언어적 모형화와 언어의 기술적 모형화는 상호 전환하며 컴퓨터 안에서 하나가 된다."[76)]

설사 미디어 아프리오리를 상정한다 해도 그것으로 자기지시의 아포리아에서 벗어날 수는 없다. "세계의 모든 것이 미디어로 주어지고, 그 결과 미디어의 타자, 미디어의 바깥이 존재하지 않는다면, 미디어 자체는 어떻게 주어지며 또 어떻게 제 존재를 알리느냐"[77)]하는 문제가 발생하기 때문이다. 이 난점을 디이터 메르쉬는 이른바 '부정적 미디어 이론'으로 해결하려 한다. 그에 따르면, 아포리아에서 벗어나기 위해 굳이 미디어의 타자나 미디어의 바깥을 설정할 필요 없다. "개입, 교란, 방해, 모순적 구성"과 같은 부정적 실천으로써 흔적·고랑·균열을 냄으로써 미디어의 본질을 순환 없이 내재적으로 설명할 수 있다는 것이다. 한 마디로 "내재성으로부터 내재성을 폭파"시키는 전략이다.

이 길은 사실 비트겐슈타인·하이데거·데리다가 언어의 아포리아를 처리하던 방식을 그대로 차용한 것에 지나지 않는다. 사실 그가 권유하는 "부정적 실천"이란 아포리아의 문제의 논리적 해결이라기보다는 예술적 처리에 가깝다. 메르쉬 자신도 미디어로 미디어에 균열을 내는 "미디어 파라독스"의 생산이 주로 예술적 실천의 영역에 속한다고 본다. 플루서는 《사진의 철학》에서 사진사의 예술적 과제는 장치 안에 머물면서 동시에 장치를 벗어나는 것이라고 말한 바 있다. 즉 사진사는 오직 카메라가 허용하는 것만을 찍을 수가 있으나, 동시에 훌륭한 사진을 찍으려면 동시에 그 장치를 뛰어넘어야 한다. 즉, 훌륭한 사진사는 장치 안에 머물면서 장치 밖으로 나가야 한다는 것이다.

백남준을 예로 들어 보자. 이 미디어의 광대는 철저히 텔레비전이라는 아날로그 장치의 가능성 안에 머물면서도 동시에 그 장치로는 할 수 없었던 것을 해냈다. 그저 수상기에 불과했던 텔레비전을 제상기, 신디사이저로 바꾸어 놓았던 것이다. 백남준이 60년대에 아날로그 장치로 했던 그 일을, 오늘날 대중은 디지털 컴퓨터를 이용해 하고 있다. 이렇게 "올드 미디어의 전위는 뉴미디어의 선구"가 된다. 장치 안에 머물면서 동시에 장치 밖으로 나가는 방법이란 바로 이런 것이다. "내재성으로부터 내재성을 폭파"[78)]시키는 메르쉬의 전략은 이런 예술적 실천에서 영감을 얻은 것이다. 그는 "미디어 이론이 예술에게 해줄 말보다 예술이 미디어 이론에 보여줄 게 더 많다."고 말한다.

아포리아의 예술적 처리가 곧 그것의 논리적 해결이 되는 것은 아니다. 논리적 관점에서 보면 예술적 처리란 한갓 '속임수'에 불과하기 때문이다. 실제로 플루서는 예술과 기술의 본질을 '속임수'에서 찾았다. 그는 오디세우스를 오늘날의 예술가 혹은 기술자의 원형으로 꼽는다. 그는 외눈박이 거인의 눈을 찌르고 도망가며 자신의 이름을 '우티스'no man라 소개한다. 그 바람에 동료 거인들이 '누구의 짓이냐'고 물었을 때 거인은 '우티스의 짓'no man's craft이라고 대답할 수밖에 없었다. 교활한 속임수로 거인의 입에 거짓말을 물려준 셈이다. 여기서 거인은 참말을 하려 했으나 본의 아니게 거짓말을 하게 된다. 오디세우스의 기략은 이렇게 진실로 거짓을 말하는 데에 있다.

기술자를 의미하는 '메카니코스'mechanikos는 그리스어로 '꾀가 많은 자'라는 뜻이다. 플루서는 아예 인간의 '기술' 자체가 실은 자연을 속이는 계략이라고 본다. 원래 인간은 땅에 붙어 살 운명이었으나, 자연을 속여 날아다닐 수 있게 되었다. 사실 비행기라는 장치는 자연의 모든 법칙을 충실히 따르나, 그러면서도 인간을 자연의 속박으로부터 벗어나게 해 준다. 매체와 기술에 대해서도 같은 얘기를 할 수 있을 것이다. 장치는, 우리가 '아프리오리'라 부를 만큼, 그것으로 만들어질 것의 내용과 성격을 미리 규정한다. 하지만 자유는 장치 안에 머물면서 동시에 "장치에 대항하여 놀이"하는 데에 있다. 플루서는 장치와 싸우는 몇 가지 방법을 제시한다.

> "첫째, 완고함에 빠져 있는 장치를 속일 수 있다. 둘째, 장치의 프로그램에 인간적 의도를 몰래 집어넣을 수 있다. 셋째, 장치로 하여금 예상 못했던 것, 비개연적인 것, 정보적인 것

을 생산하도록 강요할 수 있다. 넷째, 장치와 그것의 산물을 무시하고 사물에 대한 관심을 버리고 오로지 정보에만 집중할 수 있다."[79]

백남준의 후예들, 즉 오늘날의 미디어 예술가들은 여기서 많은 영감을 얻을 수 있을 것이다. 그 동안 미디어 아트는 현란한 테크놀로지에 눈이 팔려 장치에 잡아먹히는 경우가 많았기 때문이다. 미디어 아트의 본질은 현란한 장치를 사용하는 데에 있는 게 아니라, 플루서의 말대로 "장치에 대항하여 놀이"하는 데에 있다.

이제까지 우리는 미디어 아프리오리가 낳을 수밖에 없는 두 종류의 아포리아에 대해 이야기했다. 그 하나는 자기지시성에서 비롯되는 순환논법과 관련된 이론적 아포리아, 다른 하나는 미디어의 결정론과 인간의 자유 사이의 대립에 관계된 실천적 아포리아였다. 디이터 메르쉬는 성격이 다른 이 두 유형의 아프리오리를 같은 수준에 올려놓고, 후자에 관한 예술적 실천들"부정적 실천들"을 전자의 논리적 해법으로 제시한다. 하지만 두 아포리아는 서로 연결은 되어 있으나 논리적으로는 비교적 뚜렷이 구별되는 두 개의 다른 문제로 보인다. 미디어 선험성에서 비롯되는 이론적 아포리아를 해결하는 문제는 언젠가 다른 곳에서 비트겐슈타인에 관련시켜 다시 논할 기회가 있을 것이다.

미 주

들어가기 전에

1) Wolfgang Hagen, *Metaxy. Eine historiosemantische Fußnote zum Medienbegrif* In: Stefan Münker ; Alexander Roesler (hrsg.), Was ist ein Medium? Frankfurt a.M./Suhrkamp 2008 S.13-29,

2) Stefan Münker ; Alexander Roesler (hrsg.), Was ist ein Medium? Frankfurt a.M./Suhrkamp 2008. S.8-9

01 _ 기계복제시대의 예술작품

3) 발터 베냐민, 기술복제시대의 예술작품. 발터 벤야민의 문예이론. 반성완 편역. 민음사. 1983. p.210

4) ibid p.220

5) ibid p.226

6) ibid p.226

7) ibid p.210

8) 발터 베냐민, 사진의 작은 역사. 발터 벤야민의 문예이론 . 반성완 편역. 민음사. 1983. pp.250-251

9) Theodor W. Adorno (Pseudonym: Hektor Rottweiler), Über Jazz. In; Zeitschrift für Sozialforschung, Vol. 5, No. 2 (1936) S. 235–59

10) 테오도르 아도르노 ; 막스 호르크하이머, 계몽의 변증법 (1947/1969). 김유동 옮김. 문학과지성사. 2001

11) Theodor W. Adorno an Walter Benjamin, *Brief vom 18. März 1936*. In: Theodor W. Adorno ; Walter Benjamin, Briefwechsel 1928–1940. Frankfurt a.M./Suhrkamp, 1995, S. 169–172.

02 _ 제국과 커뮤니케이션

12) Harold A. Innis, The Bias of Communication (1951). Univerity of Toronto Press, 1982

13) 해롤드 A. 이니스, 제국과 커뮤니케이션 (1950). 김문정 옮김. 커뮤니케이션북스. 2008

14) Harold A. Innis, The Bias of Communication (1951). Univerity of Toronto Press, 1982. p.60

03 _ 미디어는 메시지다

15) 더글러스 코플런드, 맥루언 행성으로 들어가다. 김승진 옮김. 민음사, 2013. p.12에서 재인용

16) 마셜 맥루언, 미디어의 이해 : 인간의 확장 (1964). 김성기 옮김. 민음사. 2002

17) Walter Benjamin, Über Sprache überhaupt und über die Sprache des Menschen(1916). Frankfurt a.M./Suhrkamp, 1996

18) Sigmund Freud, Das Unbehagen in der Kultur. Wien/Internationaler Psychoanalytischer Verlag, 1930

19) James W. Carey, *Harold Adams Innis and Marshall McLuhan* In: The Antioch Review Vol. 27, No. 1 (Spring, 1967), pp. 5-39 (p.15)

20) Paul Grosswiler, The Method is the Message: Rethinking McLuhan Through Critical Theory. Montreal/Black Rose Books, 1998. p.7

21) Marshal McLuhan, The Medium is the Massage. An Inventory of Effects with Quentine Fiore. New York/Bantam Books, 1967. p.26

22) ibid. p.22

23) Edward Carpenter ; Marshal McLuhan (ed.), Explorations in Communication. Boston/MA, 1966. p.xi

04 _ 구술문화와 문자문화

24) Walter J. Ong, Orality and Literacy: The Technologizing of the Word. New York/ Routledge, 1982. pp.36-56

25) Eric A. Havelock, Preface to Plato. Cambridge: Harvard University

Press, 1963. p.198

26) Ong, op.cit., pp.48-56

27) ibid., p.133

28) Walter J. Ong, Rhetoric, Romance, and Technology: Studies in the Interaction of Expression and Culture (1971). Cornell University Press. 1990. pp.25-26

29) Orality and Literacy, p.133

30) 아즈마 히로키, 게임적 리얼리즘의 탄생 (2007). 장이지 옮김. 현실문화연구. 2012

31) https://ja.wikipedia.org/wiki/データベース消費

32) 아즈마 히로키, 동물화하는 포스트모던 (2001). 이은미 옮김. 문학동네. 2007

05 _ 팬텀과 매트릭스로서 세계

33) 마르틴 하이데거, 기술과 전향 (1953). 이기상 옮김. 서광사, 1993.

34) 막스 호르크하이머, 도구적 이성 비판 (1967). 박구용 옮김. 문예출판사, 2006

35) Günter Anders, Die atomare Drohung. Radikale Überlgungen. München/Beck, 1981. p.199

36) Elke Schubert, Günther Anders.: Mit Selbstzeugnissen und Bilddokumenten. Reinbek/Rowohlt, 1992. p.72

37) Günther Anders, Die Antiquiertheit des Menschen. Über die Seele im Zeitalter der zweiten industriellen Revolution. Bd. I/II (1956). München/Beck, 1980

38) 발터 베냐민, 기술복제시대의 예술작품. 발터 벤야민의 문예이론. 반성완 편역. 민음사. 1983. p.200

39) Günter Anders, Die Welt al Phantom und Matrize In: Die Antiquiertheit des Menschen. Bd. I (1956). München/Beck, 2002. p.143

40) ibid., p.113

41) 베냐민, op.cit., p.223

42) Anders, op. cit., p.111-112

43) ibid., p.170

06 _ 시뮬라크르와 시뮬라시옹

44) 장 보드리야르, 기호의 정치경제학 비판 (1972). 이규현 옮김. 문학과지성사, 2014

45) 소스타인 베블런, 유한계급론 (1899). 김성균 옮김. 우물이있는집, 2012

46) 장 보드리야르, 소비사회 (1970). 이상률 옮김. 문예출판사, 1992. p.326

47) 장 보드리야르, 시뮬라시옹 (1981). 하태환 옮김. 민음사, 2012

48) ibid., p.43

49) ibid., p.53

50) ibid., p.40-41

51) Jean Baudrillard, The Gulf War Did Not Take Place. Indiana University Press, 1995

52) Dieter Mersch, Medientheorien zur Einführung. Hamburg/Junius, 2006. pp.73-79에서 재인용.

07 _ 디지털 가상

53) Vilém Flusser, Ins Universum der technischen Bilder (1985). Göttingen/European Photography, 2000. p.103

54) Vilém Flusser, Digitaler Schein. In: Florian Rötzer (hrsg.), Ästhetik der elektronischen Medien. Frankfurt a.M./Suhrkamp, 1991. pp.194-204 (p.147)

55) ibid., p.156

56) Vilém Flusser, Für eine Philosophie der Fotografie. Göttingen/European Photography, 1997. p.12

57) Digitaler Schein, op. cit., p.157

58) Vilém Flusser, *Eine neue Einbildungskraft*. In: Der Flusser Reader. Zu Kommunikation, Medien und Design. Mannheim/Bollmann, 1996. pp.141-149 (p.149)

59) Vilém Flusser, Lob der Oberflächlichkeit: für eine Phänomenologie der Medien. Mannheim/Bollmann, 1993. p.69

60) Vilém Flusser, Kommunikologie. Frankfurt a.M./Fischer, 2003. p.210

61) Digitaler Schein, op. cit. p.159

62) Friedrich Nietzsche, Wie die 'wahre Welt' endlich zur Fabel wurde. In: Götzen- Dämmerung: oder Wie man mit dem Hammer philosophiert. Leibzig, 1889

63) Lob der Oberflächlichkeit, p.277

64) Vilém Flusser, On Science. In: Eduardo Kac (ed.), The Signs of Life: Bio Art and Beyond. The MIT Press, 2007 pp.371-372 (p.372)

08 _ 기록체계 1800/1900

65) Friedrich A. Kittler, There is no Software. In: Stanford Literature Review. 9,1, Spring 1992, 81-90

66) Friedrich A. Kittler, Aufschreibesysteme 1800/1900. München/Fink, 1995. p.501

67) Sybille Krämer, The Cultural Techniques of Time Axis Manipulation: On Friedrich Kittler's Conception of Media In: Theory, Culture & Society December 2006 vol. 23 no. 7-8 pp.93-109

68) Friedrich Kittler. Romantik Psychoanalyse Film: Eine Doppelgängergeschichte. In: Jochen Hörisch; G. Christoph Tholen (Hrsg), Eingebildete Texte. Affairen zwischen Psychoanalyse und Literaturwissenschaft. München/Fink, 1985. pp. 118-135 (p.125)

69) Friedrich A. Kittler, Grammophon Film Typewriter. Berlin/Brinkmann & Bose, 1986. p.29

70) ibid.

71) Friedrich A. Kittler, Draculas Vermächtnis. Technische Schriften. Leipzig/ Reclam, 1993. p.64

72) Friedrich A. Kittler, Perspective and the Book. (tr. by Sara Ogger). Grey Room, No. 5 (Autumn, 2001) The MIT Press. pp. 38-53. (p.39)

73) Draculas Vermächtnis, op.cit. p.61

74) Friedrich A. Kittler, Nur was schaltbar ist, überhaupt ist. In: werk und zeit. Vierteljahresschrift des Deutschen Werkbunds Jg.38, 1990, Heft 1. pp.6-8

75) Friedrich A. Kittler, Optische Medien: Berliner Vorlesung. Berlin/ Merve, 1999. p.23

맺음말

76) Dieter Mersch, Medientheorie zur Einführung. Hamburg/Junius, 2006. p.219

77) ibd., p.222

78) Dieter Mersch, Tertium datur. Einleitung in eine negative Medientheorie. In: Stefan Münker; Alexander Roesler (hrsg.), Was ist Medium? Frankfurt a.M./Suhrkamp, 2008. pp.304-321 (p.318)

79) Vilém Flusser, Für eine Philosophie der Fotografie, Göttingen/ European Photography, 1997. p.68

대안문화총서 13

미디어 이론 MEDIA THEORIES

발 행 2016년 1월 5일
1판3쇄 2019년 10월 30일

지은이 진중권
펴낸이 김상호
펴낸곳 열린길
경북 경산시 진량읍 대구대로 201
전화 053) 850-5661~2 | 팩스 053) 850-5669
http://press.daegu.ac.kr/
등 록 2007년 4월 19일 제2007-3호
디자인 (주)이환디앤비 02)2254-4301
찍은곳 다운미디어
ISBN 979-11-86257-00-5-04300
정 가 15,000원